Ed Wheat
(mit Gloria Okes Perkins)

JUST MARRIED

Tips für junge Ehepaare
und solche, die es werden wollen

ED WHEAT

*Tips für junge Ehepaare
und solche, die es werden wollen*

SCHULTE & GERTH

Die amerikanische Originalausgabe erschien im Verlag
Zondervan Publishing House, Michigan 49530,
unter dem Titel: „The First Years of Forever".
© der amerikanischen Ausgabe 1989 by Ed Wheat
© der deutschen Ausgabe 1993 Verlag Klaus Gerth, Asslar
Aus dem Amerikanischen übersetzt von Christian Rendel

Best.-Nr. 15 211
ISBN 3-89437-211-7
1. Auflage 1993
Umschlaggestaltung: Olaf Johannson
Umschlagfoto: Tony Stone Worldwide
Satz: Typostudio Rücker & Schmidt
Druck und Verarbeitung: Ebner Ulm
Printed in Germany

In Dankbarkeit
für unsere geliebten Ehepartner
Gaye und Dan,
deren Liebe und Ermutigung
aus jeder Seite
dieses Buches hervorleuchten

DANKSAGUNGEN

Immer, wenn ich ein neues Buch aufschlage, lese ich mit großem Interesse die Danksagungen, denn sie helfen mir, ein persönlicheres Verständnis für den Autor zu finden.

Mein Dank ist sehr persönlich: Er gilt zuerst meiner geliebten Familie und meinen engsten Freunden, die mich in dieser Zeit begleitet, mich mit ihren Gebeten umgeben und mit ihrer Liebe inspiriert haben.

Sodann meiner Lektorin Nia Jones, die genau wußte, wie sie mich ermutigen konnte, wenn ich es am nötigsten hatte.

Und stets gilt mein Dank Ed Wheat. Sein Wissen, daß Beziehungen veränderbar sind, sein standhafter Glaube an Jesus Christus, seine Liebe zur Heiligen Schrift, seine unerschütterliche Hoffnung, seine Weisheit und Freundlichkeit sind mir immer wieder eine Inspiration. Wann immer wir uns in seinem oder meinem Büro treffen, ist dies unser gemeinsames Gebet: „Herr, bitte hilf uns, dieses Buch fertigzustellen, damit viele Paare erleben können, wie beglückend eine beständige, von Liebe erfüllte Ehe sein kann!"

Gloria Okes Perkins
Springdale, Arkansas

INHALT

VORWORT

Leser, denen Ed und Gaye Wheat als Autorenpaar vertraut sind, werden auf diesem Band einen weiteren Namen entdecken, der eigentlich auf all unseren Büchern stehen müßte. Während der letzten zehn Jahre hatten wir das Vorrecht, eng mit Gloria Okes Perkins zusammenzuarbeiten, einer begabten professionellen Autorin und Seelsorgerin. Die Ergebnisse waren *Intended for Pleasure,* das sich unter Christen als Standardwerk über die eheliche Sexualität aus medizinischer und biblischer Perspektive einen Platz erobert hat; *LOVE LIFE,* das von mehr als einer halben Million Ehepaaren gelesen wurde, die die Liebe in ihrer Ehe neu aufleben lassen wollen; und *How to Save Your Marriage Alone,* das kleine Büchlein, zu dem viele Menschen gegriffen haben, die vor der persönlichen Bedrohung einer Scheidung standen.

Gloria und ich haben daneben auch eine Serie von Videokassetten über die Vorbereitung auf die Ehe sowie drei Beratungskassetten produziert, darunter auch die Kassette „Before the Wedding Night", die der Vorläufer dieses Buches ist.

Seit unser Herr Gloria und ihren Mann Dan in den Nordwesten von Arkansas geführt hat, konnten Gaye und ich uns an ihrer harmonischen Beziehung zueinander und an der Art, wie sie andere an ihrer Liebe und ihrem Zuhause teilhaben lassen, erfreuen. Durch ihr beispielhaftes Leben und ihre Freundschaft wie auch durch Vorträge und Beratungsgespräche konnten sie schon auf viele Ehen positiv einwirken. Auch Alleinstehende aller Altersgruppen fühlen sich zu ihnen hingezogen. Ich kenne niemanden, der besser in der Lage wäre, diese Gedanken für Verlobte und frisch

Verheiratete zu entwickeln und weiterzugeben. Dan und Gloria widmen sich ebenso wie Gaye und ich von ganzem Herzen der Aufgabe, anderen in der Weise zu helfen, daß sie das wunderbare, beständige Glück finden, das Gott Mann und Frau in der Ehe zugedacht hat. Unser Gebet ist es, daß dieses Buch Sie nach Gottes Zeitplan gerade dann erreicht, wenn Sie diese für Ihr ganzes Leben so wichtige Entscheidung treffen, und daß Sie – mit beiden Beinen auf dem Boden – das Glück finden werden, von dem jedes Paar träumt.

Ihr Freund in Christus
Ed Wheat

EINLEITUNG

Dieses Buch ist für Sie, die Sie im Begriff sind, in die Ehe „einzusteigen", geschrieben worden, weil Ihre Zukunft uns ein Anliegen ist. Ja, ohne Ihren Namen zu kennen, haben wir für Sie gebetet und an Sie gedacht, während wir dieses Handbuch für Jungverheiratete entwickelten.

Wir wünschen uns, daß dieses Buch seinen Weg in die Hände von Paaren finden möge, die sich so sehr lieben, daß sie allen Statistiken zum Trotz entschlossen sind, eine *dauerhafte, glückliche Ehe* zu führen. Dies will gelernt sein, denn wir sind realistisch genug, zu wissen, daß das nicht leicht sein wird. Wir haben einige Informationen zusammengestellt, mit denen Sie Ihr Ziel erreichen können. Wir möchten Ihnen die Zuversicht geben, daß eine solche beglückende Ehe für Sie möglich ist, *wenn Sie sie nur wirklich wollen.*

Wir kennen viele Menschen, die einst wie Sie als frisch Verheiratete voller Erwartungen an das Lebensglück waren. Jetzt fragen sie sich, wie sie ihre Probleme lösen sollen, die wie wucherndes Unkraut in ihrem kleinen Garten Eden emporwuchsen. Die meisten von ihnen geben zu, daß sie sich zuviel zugetraut haben: Sie glaubten einfach, daß ihre Liebe sie durch alle Schwierigkeiten hindurchtragen würde. Und sie sagen, daß sie auf das *reale* Eheleben schlecht vorbereitet waren. Verwirrt fragen sie: „Warum hat uns denn niemand gesagt, wie schwer es ist, eine Ehe zum Laufen zu bringen, und daß das nicht einfach von allein geht?" Und die meisten von ihnen räumen auch ein, daß sie unrealistische Erwartungen davon hatten, was die Ehe ihnen „einbringen" würde.

Eine junge Frau sagt: „Ich dachte, die Ehe mit meinem

Mann würde automatisch das Glück mit sich bringen; ich erwartete, sie würde ihn zur Ruhe bringen und all meine Unsicherheiten wegnehmen. Wahrscheinlich habe ich die Ehe für eine Art Wunderdroge gehalten. "

Eine andere stimmt dem zu: „Obwohl es in unserem Freundeskreis schon zu ersten Scheidungen gekommen war, wußten wir, daß es bei uns anders sein würde. Wir verließen uns auf unsere Liebe. Wir dachten, dadurch würden wir zusammenbleiben, und all unsere Träume würden wahr werden. Aber das allein reichte nicht. "

Ein Ex-Ehemann sagt verbittert: „Ich wünschte, ich hätte manche Dinge früher gewußt. Jetzt kann ich zurückblicken und erkennen, daß unsere Scheidung eigentlich überflüssig war. Wir wußten noch nicht einmal genug, um zu wissen, was wir alles nicht wußten. Als wir uns endlich um Hilfe bemühten, war es schon zu spät. "

Leider kommen solche Geschichten häufig vor. Unter den beunruhigenden Statistiken über Ehe und Ehescheidung gibt es zwei Dinge, über die Sie nachdenken sollten:

Untersuchungen zeigen, daß beinahe die Hälfte aller ernsthaften Eheprobleme sich *in den ersten beiden Ehejahren* entwickeln. Aber die Paare, die sich zum ersten Mal in eine Eheberatung begeben, sind im Durchschnitt bereits *sieben Jahre* verheiratet.[1]

Viele Trennungen lassen sich auf diese fünfjährige Beratungslücke zurückführen – eine Zeit, in der die Beziehung abflacht, die Warnsignale aber ignoriert werden. Normalerweise bemüht sich ein Paar erst dann um Hilfe, wenn einer der Partner einen dramatischen Einschnitt vornimmt, zum Beispiel auszieht oder ein außereheliches Verhältnis eingeht. Kein Wunder, daß drei Viertel der Befragten in unserer Umfrage während der letzten fünf Jahre auf die *Beratung frisch verheirateter Paare* als Vorbeugungsmaßnahme drängten.

Wir haben dieses Buch zusammengestellt, um eine solche Vorbeugungsmaßnahme anzubieten. Wichtige Kapitel befassen sich mit den kritischen Bereichen der *Sexualität* und der *Kommunikation*. Es wird ein zweites Buch folgen, das als Begleitmaterial zu diesem dienen und auf manche Fragen eingehen wird, die nach den ersten Monaten der Ehe auftreten, darunter Finanzplanung, Beziehung zur Familie des Partners, Entscheidungsfindung und Schritte zur gemeinsamen Lebensgestaltung.

Vor Ihnen liegt eine spannende Zeit! Das meint auch Paul Tournier:

> „Die Ehe wird zu einem großen Abenteuer, bei dem man immer mehr sich selbst und den Partner erkennt. Sie wird zu einer täglichen Erweiterung des Horizontes, einer Gelegenheit, etwas Neues über das Leben, über das menschliche Dasein, über Gott zu lernen."[2]

Falls Sie noch nicht verheiratet sind, möchten wir Sie ermutigen, Ihren Pastor um ein Ehevorbereitungsgespräch zu bitten. Vielleicht wird er dieses Buch als Beratungsgrundlage verwenden; vielleicht haben Sie Ihr Exemplar sogar als Geschenk von Ihrer Gemeinde erhalten. Wenn Sie Ihr neues gemeinsames Leben planen, vergessen Sie nicht, daß ein Seelsorger und christliche Freunde für Ihre Ehe eine ungemeine Unterstützung und Ermutigung bieten können.

Und nun hoffen wir, daß dieses Buch für Sie in dieser spannenden ersten Zeit zu einem guten Freund wird, den Sie schätzen lernen.

DIE GEFÜHLE DER LIEBE: HÜTEN SIE IHREN SCHATZ

Als jung verheiratetes oder verlobtes Paar sind Sie zweifellos Experten auf dem Gebiet der Liebesgefühle. Da es heute kaum noch vorkommt, daß Eltern die Ehen ihrer Kinder arrangieren, heiraten die meisten Paare, weil die Gefühle der Liebe sie auf unwiderstehliche Weise zueinander ziehen. Sie kennen selbst das euphorische Staunen einer jungen Liebe, den Zauber, das Geheimnis, das wunderbare Glücksgefühl (das oft als ein Schweben auf Wolken beschrieben wird), das man schon allein dadurch empfindet, daß man zusammen ist. In einer Ehe auf diese Weise zu lieben und geliebt zu werden, ist wahrscheinlich eine der größten Freuden des Lebens.

Doch können Sie sich diese wunderbaren Gefühle für die nächsten zwanzig, dreißig oder mehr Jahre bewahren? Wir möchten mit Ihnen erarbeiten, wie Sie so miteinander umgehen können, daß Sie diesen kostbaren Schatz niemals verlieren: Ihre Gefühle der Liebe.

Eine dynamische Wahrheit, die Sie sich jetzt bewußt machen sollten, stammt nicht von einem Lebensberater, sondern von einem Dichter. Robert Frost bemerkte, daß die Liebe (ebenso wie ein gutes Gedicht) *in Seligkeit beginnt und in Weisheit endet.*[1] Damit wollte er nicht sagen, daß die Seligkeit in einer Sackgasse endet, weil die Liebenden weiser geworden sind. Sondern er meinte, daß die Ekstase nicht stillstehen kann, weil sie ihre eigene Dynamik hat. Sie muß sich weiterentwickeln – und zwar (hoffentlich) in Richtung Weisheit.

Was bedeutet das für Sie? Es bedeutet, daß Sie eine Enttäuschung erleben werden, wenn Sie erwarten, daß Ihre Liebesbeziehung immer gleich bleibt, oder sich darauf verlassen, daß sie immer besser wird – von allein. Ihre Liebesbeziehung *muß* sich verändern, weil sie *lebendig* ist. Und die Art dieser Veränderung bestimmen Sie durch die Richtung, die Sie jetzt einschlagen und die Sie im Laufe der Jahre beibehalten werden. Ihre Liebe wird entweder *wachsen* oder *schrumpfen,* fortschreiten oder zurückfallen. Sie wird beglückender werden, oder aber sie wird ins Unglück fallen. Manch einer wird vielleicht angestrengt suchen müssen, um nach jahrelanger Vernachlässigung auch nur noch die winzigste Spur von Liebe zu finden.

Die Gefühle der Liebe werden immer Ihre Aufmerksamkeit verlangen. Sie können sich das wie eine Investition vorstellen, die einen hohen Gewinn einbringt. In fünf oder sieben Jahren wird sich an Ihrer Liebesbeziehung zeigen, wieviel Sie beide hineingesteckt haben.

MIT GEFÜHLEN LEBEN

Um die Gefühle der Liebe bewahren zu können, müssen wir eine klare Vorstellung von derselben haben. Wir müssen begreifen, was sie bewirken und nicht bewirken können, wie wir die guten Gefühle nähren und verstärken können und wie wir den negativen entgegentreten, die unsere Liebesbeziehung bedrohen können, wenn wir es am wenigsten erwarten.

Ein Ehemann formulierte seine Definition für Gefühle so: „Gefühle sind Gedanken, die man nicht mit dem Verstand, sondern mit dem Herzen denkt." Mit anderen Worten: Ihre Gefühle machen Ihnen von Augenblick zu Augenblick Ihren emotionalen Zustand bewußt.

Gefühle sind natürlich unmittelbarer als Gedanken. Sie sind wie Signale, die wir deuten müssen – Zeichen des Menschseins. Der Herr sagt in Psalm 33 Vers 15, daß er allen Menschen ein Herz gegeben hat. Aber manche Menschen haben einen besseren *Kontakt* zu ihren Gefühlen als andere. Die Menschen verfügen in sehr unterschiedlichem Maße über die Fähigkeit, ihre Gefühle schnell zu erkennen und richtig einschätzen zu können.

Gefühle sind eine Gabe Gottes, die uns sowohl Schutz als auch Freude schenken soll. Sie sind Hinweise, die uns Gedanken nahelegen oder Eindrücke vermitteln können, aber sie haben weder die *Autorität* noch die *Macht,* über uns zu herrschen. Schon als Kinder haben die meisten von uns gelernt, daß wir nicht immer tun können, wonach uns gefühlsmäßig gerade ist. Als Erwachsene wissen wir, daß wir *nur* mit unseren Gefühlen (unseren Emotionen) nicht in der Lage sind, unser tägliches Leben zu gestalten, deshalb sollten wir uns nicht von ihnen beherrschen lassen – auch nicht in unseren Liebesbeziehungen.

Gewiß haben Gefühle dabei eine große Rolle gespielt, daß Sie als Paar zusammengefunden haben, aber sie waren nie dazu da, Sie zu irgend etwas zu *treiben.*

Ihre Gefühle sind weder all*mächtig* noch all*weise.* Schätzen Sie sie als Hinweise auf das, was in Ihnen vorgeht, aber betrachten Sie sie niemals als unfehlbare Wegweiser. Nur Gottes Wort, die Bibel, kann uns sicher leiten. Wenn jemand Ihnen rät: „Tu alles, wobei du dich wohl fühlst!", dann seien Sie wachsam! Lassen Sie niemals Ihre Gefühle allein über irgend etwas entscheiden, ohne zuvor die verfügbaren Informationen geprüft zu haben. Respektieren Sie Ihre Gefühle, hören Sie auf ihre Botschaften, aber lassen Sie sich nicht von ihnen beherrschen. Gott hat Ihnen einen freien Willen und die Fähigkeit zu entscheiden gegeben. Sie sitzen am Ruder.

Wichtig ist jedoch, daß Sie sich klarmachen, daß die Gefühle immer über eine große Überzeugungskraft verfügen, weil sie in der Lage sind, den Augenblick zu besetzen und zu bestimmen. George MacDonald schildert das trügerische Wesen von Gefühlen so:

„Sie hatten ein Gefühl, oder ein Gefühl hatte sie, bis ein anderes Gefühl kam und seinen Platz einnahm. Solange ein Gefühl da war, fühlten sie sich, als würde es niemals vergehen; war es vergangen, so fühlten sie sich, als wäre es nie dagewesen; kehrte es zurück, fühlten sie sich, als wäre es niemals fort gewesen."[2]

Gefühle sind so zerbrechlich und explosiv, daß man besonders sorgfältig mit ihnen umgehen muß. Wie Sie die Gefühle Ihres Partners ansehen, sagt eine Menge über Sie als Liebenden aus. Wie schon angedeutet, sind die Gefühle der Liebe *der Schatz in dem irdischen Gefäß der Ehe,* aber sie können sich unerwartet verändern. Betrachten Sie sie also niemals als das letzte Wort. Denken Sie immer daran, daß Sie *mehr* sind als nur Ihre Gefühle!

In der Bibel führt uns Gott eine ganze Galerie von Gefühlen vor Augen. Das Hohelied Salomos zum Beispiel ist eine lebhafte Schilderung der Gefühle, die eine Braut und ihr Bräutigam miteinander erleben. Aber nirgendwo im Neuen Testament weist uns Gott je dazu an, irgend etwas zu *fühlen.* Sondern er trägt uns auf, auf bestimmte Art zu *handeln* oder eine *bestimmte Einstellung* einzunehmen, die dann wiederum bestimmte Gefühle nach sich zieht. Es lohnt sich also, sich dieses Prinzip einzuprägen: Wenn wir durch unser Handeln Gottes Willen tun, dann werden die „richtigen" Gefühle bald folgen.

Vom Zauber der Gefühle

Gefühle sind die Musik des Lebens und der Zauber, der eine Ehe zu einer aufregenden, schönen und befriedigenden Sache macht. Versuchen wir, diesen Zauber zu entschlüsseln, indem wir analysieren, was passiert, wenn ein Mann und eine Frau sich ineinander verlieben. Es ist außerordentlich wichtig, diese Dynamik des Verliebtseins zu verstehen, denn das ist schließlich die Dynamik, die Sie in Ihrer ehelichen Beziehung am Leben erhalten wollen. Dieser Zauber der Liebe ist nicht als selbstverständlich zu betrachten, denn das Gewicht des täglichen Lebens kann ihn ersticken, bevor Sie es auch nur merken.

Wenn zwei Menschen sich verlieben, ist das ein großes emotionales Ereignis. Daß es beiden Liebenden gleichzeitig passiert, läßt das Hochgefühl noch stärker werden. Da ist der aufregende Reiz des Neuen und ein Gefühl des Staunens, als ob die beiden Liebenden in eine neue Wirklichkeit eingetreten wären – vielleicht wie bei einer Zeitreise oder einem Raumflug –, in der sie selbst und ihre alte Welt in einem neuen Licht erscheinen. C.S. Lewis schrieb über seine Beziehung zu seiner Frau Joy, sein eigener Körper habe „eine ganz neue Wichtigkeit" bekommen, weil es der Körper war, den seine Frau liebte![3]

Der Ausdruck „sich verlieben" beinhaltet die Plötzlichkeit und „Dramatik" des Vorgangs und weist darauf hin, daß die Liebenden nicht mehr da sind, wo sie vorher waren. Sie haben sich selbst als einzelnen Menschen zurückgelassen und befinden sich nun gemeinsam an einem neuen Ort – an „einer sicheren und vertrauten Welt".

„Sich verlieben hat etwas damit zu tun, selige Gefühle der Geborgenheit in einer sicheren und vertrauten Welt heraufzubeschwören – einer Welt, in der zwei wie einer sind, in der vollkommene Gemeinschaft und vollkommenes Umsorgtsein bestehen. Es hat mit der Vision eines tief in uns vergrabenen Gartens Eden zu tun, bevor je ein Mensch Einsamkeit empfunden hatte."[4]

Wo echte Liebe ist, geschehen für gewöhnlich vier wichtige Dinge:

1. Die Liebenden sehnen sich danach, zusammen zu sein.

Ja, vielleicht empfinden sie sogar regelrechte emotionale „Schockwellen" oder fühlen sich unvollständig, wenn sie getrennt sein müssen – ein Vorgeschmack auf die Zeit, wenn sie in der Ehe eins sein werden. Dieses übermächtige Bedürfnis nach der Nähe des anderen kann sich in einem Gefühl des „Heimwehs" ausdrücken. Das geschieht, weil die beiden Liebenden emotional aneinander gebunden sind und sich nun nach diesem Gefühl des *Zuhauseseins* sehnen, das sie nur in der Nähe des anderen finden.

Eine frisch verheiratete Frau erzählte uns: „Wir verliebten uns an einem Wochenende, als er mich an der Universität besuchte. Es war unglaublich! Am Donnerstag war ich noch ganz die alte. Aber als ich ihn am Sonntag zum Flughafen brachte, war ich jemand Neues. Als er mich verließ, um an Bord zu gehen, dachte ich, ich müsse sterben ... ich fühlte mich so allein, als ob eine Hälfte von mir mit ihm gegangen wäre."

Eine andere Braut sagte: „Ich haßte es immer, wenn ich mich von ihm verabschieden mußte. Das hatte nichts damit zu tun, daß ich aus sexuellen Gründen in seiner Nähe sein wollte. Ich wollte einfach nur mit ihm zusammen sein! Für mich bedeutet die Ehe, daß wir uns am Ende eines Abends nicht trennen müssen, sondern zusammen sind, was immer wir tun und wo immer wir sind."

2. Die Liebenden sehen einander auf einzigartige Art und Weise.

Liebende fangen an, einander fast wie mit Gottes Augen zu sehen. Ein Ehemann sagte uns: „Meine Frau sieht eine Seite an mir, die niemand sonst sehen kann. Mir ist, als ob sie mein wahres Ich kennt, und ihre Liebe filtert all die Fehler heraus, die anderen Leuten an mir auffallen. Vielleicht ist das die Art und Weise, wie uns Gott sieht, wenn unsere Sünden durch Jesus Christus zugedeckt worden sind. Ich weiß, daß ihre Bestätigung und Annahme mich dazu bewegen, das Beste aus mir zu machen."

Wahre romantische Liebe vermag offenbar die Augen eines Liebenden zu öffnen, so daß er den Geliebten so sehen kann, wie Gott ihn sieht – als außergewöhnlich, unbezahlbar, anders als alle anderen, einzigartig und mit einer Identität ohne Ende.

Liebende messen einander einen so hohen Wert zu, daß sie bereit sind, ihre selbstsüchtige Unabhängigkeit aufzugeben, um zueinander zu gehören. Ein junger Mann sagte: „Als ich mich in sie verliebte, wußte ich, daß das bedeutete, die Richtung meines Lebens zu ändern. Ich hatte mir vorgenommen, mein Leben mit Reisen zuzubringen – allein. Schnelle Autos und mein Flugzeug bedeuteten mir viel. Aber all das war nichts wert im Vergleich dazu, sie zu kennen und unser gemeinsames Leben aufzubauen. Sicher, für kurze Zeit fiel es mir schwer. Aber mir wurde klar, daß echtes Glück für mich bedeutete, dieses Mädchen für den Rest meines Lebens zu lieben und von ihr geliebt zu werden. Und ich habe es nie bereut!"

3. Die Liebenden sehnen sich nach gegenseitiger Hingabe.

Wahre Liebe verlangt immer nach Hingabe. In einer medizinischen Zeitschrift beantwortet Dr. Judith Adams Perry auf eine Frage bezüglich der Liebe:

> „Das *Psychiatrische Wörterbuch* definiert Liebe als ein Vergnügen. Doch zur Liebe gehört für gewöhnlich auch Hingabe, unabhängig davon, welche Art von Liebe ausgedrückt wird – Eigenliebe, Liebe zur Familie, Liebe zur Arbeit, geistliche Liebe, erotische Liebe oder die Liebe zum Leben selbst. Die Kombination aus Vergnügen und Hingabe führt zu einer dynamischen Bewegung auf die Person oder das Ideal zu."[5]

Der Herr Jesus Christus hat das als erster in den unvergeßlichen Worten ausgedrückt: „Denn wo dein Schatz ist, da ist auch dein Herz" (Matth. 6,21).

4. Die Liebenden wollen heiraten und „für immer" zusammenbleiben.

Das Verliebtsein führt meist dazu, daß beide Partner für sich eine neue Welt aufbauen und ihre gegenseitige Hingabe in der Ehe besiegeln wollen. Die Hingabe zeigt nicht nur die Qualität ihrer Liebe, sondern sie versucht auch, sie zu bewahren – für immer.

> „Offenbar besteht eine innere Verbindung zwischen dem ‚Für immer' und manchen Formen der Hingabe. Die

23

überzeugendste Art, auszudrücken, daß man an die gegenseitige Hingabe keine Bedingungen knüpft, ist, daß man nicht von vornherein eine Zeitspanne setzt, innerhalb derer eine Beziehung gelingen muß. Mit anderen Worten, die angenehmste Art und Weise, auf die wir Menschen zeigen können, daß unsere Hingabe bedingungslos ist, besteht darin, daß wir „für immer" sagen. Zugegeben, dies ist ein Rückgriff auf quantitative Begriffe, um Qualität zu erweisen, aber wer hätte je eine bessere Möglichkeit gefunden, die völlige Hingabe an eine andere Person auszudrücken, als zu sagen, daß wir ihn oder sie in unsere gesamte Zukunft miteinschließen? … Hingabe ist der natürlichste Weg, die Liebe auszudrücken, die man für den anderen empfindet … und diese Liebe sowohl auszudrücken als auch zu bewahren. Dauerhaftigkeit ist eine Eigenschaft jeglicher Hingabe, die aus Liebe entspringt und sich in Liebe fortsetzt."[6]

Und wenn all diese aufregenden Dinge wirklich passiert sind, können wir dann daraus schließen, daß die beiden glücklich leben werden „bis an ihr Lebensende"? Nein. Wir wissen nicht, ob sie in ihrer Beziehung Weisheit walten lassen beim Gestalten ihres gemeinsamen Lebens. Aber hier, an diesem Punkt des Sich-ineinander-Verliebens, fängt für die meisten Paare der gemeinsame Weg an. Und die Prinzipien, die an diesem Punkt wirksam sind, können jedem Paar helfen, verliebt zu *bleiben* und in der Liebe zu *wachsen*. Fassen wir sie in Stichworten zusammen:

VERLIEBT BLEIBEN

1. Konzentrieren Sie sich darauf, eine vertraute Beziehung aufzubauen. Gehen Sie emotional intensiv aufeinander ein. Berühren Sie sich liebevoll, und tauschen Sie Ihre Gedanken und Gefühle aus. Verbringen Sie Zeit nur zu zweit, da-

mit Sie sich weiterhin beieinander geborgen und zu Hause fühlen können.

2. Vermeiden Sie Reaktionen, die sich negativ auf die Art auswirken können, wie Sie einander sehen. Leben Sie in einer Atmosphäre der gegenseitigen Bestätigung, und vergeben Sie großzügig und ohne zu zaudern.

3. Leben Sie Ihre Hingabe aneinander so aus, daß eine starke Vertrauensbindung entsteht und erhalten wird.

4. Bauen Sie Ihre Ehe auf einer soliden biblischen Grundlage auf. Denken und reden Sie stets in „Für immer"-Vokabeln.

Nun möchten wir Ihnen eine der faszinierenden Überraschungen der Ehe eröffnen. Wenn – und das ist ein wichtiges *Wenn* – Sie beide aus dem Stadium der Verliebtheit in das Stadium der Liebe eingetreten sind, zu der gehört, daß Sie stets das Beste für ihn oder sie wollen und tun, dann werden Sie die beglückende Erfahrung machen, daß Sie sich im Laufe Ihrer Ehe immer wieder aufs neue verlieben werden. All die wunderbaren Emotionen werden immer wiederkommen, selbst das Gefühl des Staunens über das Neue und das Gefühl, einander und das ganze Leben mit verliebten Augen zu sehen.

VORSICHT: MYTHOS

Wir haben die Erfahrung des Sich-Verliebens analysiert; lassen Sie uns nun den weit verbreiteten Mythos, das Sich-Verlieben sei ein unkontrollierbares Ereignis, unter die Lupe nehmen.

Stellen Sie sich bildhaft vor, Sie sind verheiratet, aber in Ihrer Beziehung stehen die Dinge nicht zum besten. Sie fühlen sich innerlich fern von Ihrem Partner, sind vielleicht verletzt worden. Nun beginnen Sie vielleicht, am Arbeitsplatz vertraute Gespräche mit jemandem zu führen, der einsam und mitfühlend ist. Ihre Blicke begegnen sich quer durch den Raum; Sie fangen an, sich gegenseitig Geheimnisse anzuvertrauen; Ihre Hände berühren sich, und: Hoppla! – Der Zauber beginnt zu wirken, und Sie glauben, Sie haben sich verliebt. Ihre Emotionen haben Sie davon überzeugt, daß Sie ganz offensichtlich Ihren Partner nicht mehr lieben. „Daran ist niemand schuld", sagen Sie. „Das ist einfach so passiert."

Irrtum! Ihre Gefühle, die vorübergehend aus der Spur geraten können, spielen Ihnen Streiche. Sie erleben nur die Reize einer Schwärmerei, die Sie unzutreffend als „Liebe" bezeichnen, obwohl sie sehr wenig damit gemein hat, was wahre Liebe ist und wie sie sich verhält.

Das war natürlich nur eine Übung der Vorstellungskraft. Aber ein junger Mann, der zu uns in die Beratung kam –, nennen wir ihn Jim –, hat genau das erlebt. Seine Frau Beth machte Nachtschichten als Krankenschwester, um etwas zusätzliches Geld für die Möblierung ihres neuen Hauses zu verdienen. Jim bekam nicht viel von ihr zu sehen, und wenn, dann waren sie meistens beide müde und frustriert. Dann lernte Jim eine Kollegin näher kennen, die gerade durch das Trauma einer Scheidung ging. Zuerst zog ihn das Mitgefühl zu ihr, aber bald fing er an, dem Reiz zu erliegen, daß er für diese Frau so wichtig war. Jim war verwirrt. Wie konnte er zwei Frauen gleichzeitig lieben? Sollte er aus seinem Haus ausziehen? Sollte er die Scheidung einreichen? Plötzlich fühlte er sich beiden Frauen verpflichtet und suchte Rat.

Jims Gefühle spielten ihm Streiche. Er hatte in Wirklichkeit nur eine Bindung – nämlich die, die er vier Jahre zuvor eingegangen war, indem er Beth geheiratet hatte. Was er nun erlebte, hatte keine wirkliche Kontrolle über ihn, wie mächtig seine Gefühle für diese Frau auch sein mochten. Um seine Ehe zu retten, mußte Jim aufhören, Zeit mit dieser Frau zu verbringen. Es war wichtig, daß er seine Gefühle ignorierte und sein Leben umstellte, damit er und seine Frau mehr Zeit miteinander verbringen und sich von neuem ineinander verlieben konnten.

Beth konnte ihre Arbeitszeit umstellen, und sie und Jim setzten alles daran, einander zu lieben. Jim erkannte die trügerischen Gefühle als das, was sie waren, und die Kollegin wandte ihren Blick in eine andere Richtung. Die Episode endete für Jim und Beth glücklich.

Die Botschaft dieser wahren Begebenheit – die sich in aller Welt ständig tausendfach wiederholt – ist, daß die Gefühle der Liebe nicht *von allein* überleben können. Sie müssen von den „Tatsachen der Liebe" begleitet werden. Dann wird aus dem „Wandeln auf Wolken" ein gemeinsames Vorwärtsgehen auf festem Boden, und Freude und Vergnügen werden durch die Weisheit noch zunehmen.

DAS EINMALEINS:
LEBEN NACH DEN TATSACHEN
DER LIEBE

Beginnen wir zunächst damit, uns eine Beziehung vor Augen zu führen, die mit den besten Absichten beginnt. Ein Mann sagt zu seiner Verlobten: „Schatz, ich möchte *für immer* mit dir zusammenbleiben." Und sie erwidert: „Ich gehöre zu dir, solange wir leben – *für immer!*" Fünf Jahre später ist er arbeitslos, sie kommunizieren nicht mehr miteinander, und im Bett läuft so gut wie gar nichts mehr. Was ist aus den guten Vorsätzen geworden? Ein junger Mann sagte uns traurig: „Es ist wie ein Traum, den wir irgendwo unterwegs verloren haben."

Die Beziehung, die für immer Bestand hat, muß kein Traum sein, der sich im kalten, nüchternen Tageslicht auflöst. Sie kann sogar zwischen Unkraut gedeihen und um so kostbarer werden, wenn die anderen Lebensbereiche vorübergehend zu einer trostlosen Wüste werden. Um solch eine Beziehung aufzubauen, muß man zunächst ihr Wesen verstehen. Betrachten wir also die Grundlagen – das ABC der Liebe.

Die meisten Paare „fangen mit der Liebe an". Aber wer kann sagen, wie die Liebe wirklich beginnt? Jeder von Ihnen hat eine andere Geschichte. Bei dem einen erwärmt sich die Liebe langsam aus einer guten Freundschaft heraus; beim anderen flammt die Liebe auf wie ein lodernder Brand, der sich aus sexuellem Verlangen nährt. Liebe kann mit Schwärmerei im Klassenzimmer beginnen oder mit einem guten Gespräch bei einer Zufallsbekanntschaft. Vielleicht haben Sie jemanden entdeckt, der Sie wirklich versteht, und das Leben erscheint plötzlich wie in einem anderen Licht, weil Sie nicht mehr allein sind! Es spielt kaum eine Rolle, ob Ihre Liebe ihren Anfang nahm, als sich Ihre Blicke zum ersten Mal mit denen einer Person in einem Gewühl von Menschen trafen, oder ob Sie schon ineinander verliebt sind, seit Sie sich in der Schule kennenlernten. Wenn Sie das leidenschaftliche Verlangen haben, ausschließlich einander zu gehören, dann hat für Sie das *Abenteuer Ihres Lebens* begonnen.

ZUSAMMENFÜHRENDE LIEBE

Diese Art Liebe, die die Entstehung einer Beziehung auslöst, können wir als *zusammenführende* Liebe bezeichnen, worunter wir alles verstehen, was am Lieben und Geliebtwerden schön und aufregend und wohltuend ist.

Malachi Martin schreibt dazu folgendes:

„Die sicherste Auswirkung der Liebe auf einen Menschen ist eine Zunahme dessen, was wir als Glück bezeichnen. Das ist unverkennbar. Wenn wir lieben und geliebt werden, ist dieses Glücksgefühl in uns nicht zu unterdrücken. Wie frisches Quellwasser durchtränkt es uns und fließt über in unser gesamtes Leben. Es ist darauf aus, zu sprühen und zu funkeln und die ganze Welt um uns her reinzuwaschen, bis alles in uns und um uns herum ein neues Licht reflektiert."[1]

So wunderbar diese zusammenführende Liebe auch ist, können wir uns doch nicht darauf verlassen, daß sie die *für immer während Beziehung* hervorbringt, nach der die Liebenden sich sehnen. *Zusammenführende Liebe* mag zwar für den Augenblick als vollkommen erscheinen, aber es gibt keine Garantie für ihren Bestand, auch nicht im Rahmen der Ehe. Die Bibel vergleicht diese Art von Liebe, die sich so schnell verändern kann, mit dem Tau eines frühen Morgens und den Nebelwolken, die verschwinden, bevor der Tag richtig begonnen hat (vgl. Hos. 6,4). Und die steigende Scheidungsrate in unserem Land weist darauf hin, daß die Institution Ehe offenbar nicht mehr die Macht hat, ein Paar in einer dauerhaften Beziehung aneinander zu binden.

DIE FEHLENDEN ELEMENTE

Was fehlt denn, wenn auf die stärkste Liebe, die zwei Menschen in der Ehe füreinander empfinden können, kein Verlaß ist? Die Geschichte eines Paares, wir wollen die beiden Joe und Evie nennen, ist eine gute Illustration für das Problem der fehlenden Elemente in einer Beziehung.

Als sie mit knapp zwanzig Jahren heirateten, zeigten Joe und Evie alle Anzeichen zweier Menschen, die sich wirklich liebten. „Sie war das schönste Mädchen, das ich je gesehen hatte", sagte Joe. „Heute sind wir in den Vierzigern, und sie ist immer noch eine wunderschöne Frau. Wir sind gemeinsam durch finanziell harte Zeiten gegangen und haben es überstanden. Wir haben Trauer und Probleme erlebt. Wir verloren unseren ältesten Sohn bei einem Autounfall, als er sechzehn Jahre alt war, und unsere jüngste Tochter hatte mit einer gescheiterten Ehe und emotionalen Problemen zu kämpfen. Aber jetzt geht es ihr gut. Evie und ich könnten jetzt wirklich anfangen, das Leben zu genießen, wenn nur …"

Das „Wenn nur" bedeutete, daß Evie die Scheidung eingereicht hatte. Ihr Motiv, die Ehe beenden zu wollen, ging über viele Jahre auf ihre Erlebnisse als jung verheiratete Frau zurück. Ihre sexuelle Beziehung hatte für Evie nicht die ersehnte Erfüllung gebracht, aber das Paar hatte sich nie um Hilfe bemüht, um dieses Problem zu lösen. Statt dessen wurde sie immer ablehnender und mied den Sex. Das ging so weiter, bis Joes Mutter unerwartet starb.

„In dieser Zeit sehnte ich mich verzweifelt nach Trost und

Liebe", erzählte Joe. „Ich wandte mich meiner Frau zu, aber als sie so kalt und ablehnend reagierte, suchte ich jemand anderen. Beinahe zwei Jahre lang ging ich fremd, obwohl Evie und ich in dieser Zeit einen Sohn bekamen. Daß ich mich nun in der Rolle des Vaters sah, veranlaßte mich dazu, mich zusammenzureißen und auf den geraden Weg zurückzukehren. Ich bat Evie, mir zu vergeben, und versprach, ein guter Ehemann und Vater zu sein. Seitdem war ich ihr nie wieder untreu. Ich habe versucht, alles wiedergutzumachen."

Leider ging die Geschichte für dieses Paar nicht gut weiter. Joe erzählt: „Ich glaube, sie hat mir nie vergeben. Sie hat die ganze Zeit über Groll gegen mich gehegt. Kürzlich hat sie mir sogar gesagt, daß sie mir die Schuld am Tod unseres Sohnes gibt. Es wäre nicht passiert, wenn wir nicht in diese Gegend gezogen wären. Sie hat offenbar nur darauf gewartet, bis unsere finanziellen Verhältnisse eine Scheidung erlaubten."

„Aber", fuhr er fort, „ich dachte immer, wir hätten ein gutes Leben zusammen. Ich liebe sie immer noch, obwohl sie sagt, sie hätte keine Liebe mehr zu mir; ich hätte ihre Liebe getötet, als ich vor vielen Jahren mit anderen Frauen herumzog. Und jetzt teilen wir also unser Eigentum auf, unsere Kinder sind über die Situation zerstritten, und wir stehen beide allein vor den mittleren Lebensjahren, ohne uns auf die Zukunft freuen zu können. Ich kann nicht glauben, daß es so gekommen ist. Wir haben uns so geliebt, als wir geheiratet haben!"

Sie liebten sich so sehr, als sie heirateten ... das ist der Kehrreim vieler gescheiterter Ehen. Doch Joe und Evie fehlte, wie so vielen anderen, die *Liebe, die niemals aufhört*, die Liebe, die ihnen eine einfühlsame Zärtlichkeit füreinander vermittelt und eine Sehnsucht, auf die Bedürfnisse des Partners einzugehen; die Liebe, die alle Verbitterung löst und Vergebung möglich macht. *Verheiratet,* ja. Aber das unerläßliche Element der Hingabe an ihren Ehebund, das fehlte.

Eine auf der Liebe gegründete Ehe

Um eine auf Dauer bestehende Beziehung aufzubauen, brauchen Sie eine *auf Liebe gegründete Ehe*. Die Liebe der ersten Zeit mit ihrer ungemein persönlichen Qualität der Zugehörigkeit und des Besitzenwollens schwankt, weil sie sich aus Gefühlen nährt. Gefühle aber ändern sich, besonders dann, wenn Bedürfnisse und Wünsche nicht erfüllt werden. Aber der Gott der Liebe hat seine eigene Liebe für jeden von uns verfügbar gemacht. Diese Liebe, die in der Bibel *agape* genannt wird, verändert sich nie. Sie ist bedingungslos und unabhängig vom Verhalten einer Person. Sie läßt sich nicht davon abbringen, dem anderen Freundlichkeit zu erweisen, was auch immer er getan haben mag, denn sie wird nicht von Gefühlen, sondern von dem Willen bestimmt. Die Fähigkeit, auf diese Weise zu lieben, ist ein Geschenk Gottes durch seinen Sohn Jesus Christus; seine Liebe fließt durch uns hindurch und segnet so unseren Partner und unsere Ehe. Das Wesen der „Agape" beschreiben wir in einem anderen unserer Bücher:

> „Aus seinem eigenen, unerschöpflichen Leben heraus stellt Gott die Quellen für diese Liebe bereit, und sie stehen jedem zur Verfügung, dessen Leben durch den Glauben an Jesus Christus mit dem Leben Gottes verbunden ist: ‚Denn die Liebe Gottes ist ausgegossen in unsre Herzen durch den heiligen Geist, der uns gegeben ist' (Röm. 5,5). Das ist die Agape-Liebe des Neuen Testamentes – bedingungslos, unveränderlich, unerschöpflich, über alle Maßen großzügig und unendlich freundlich!"[2]

ABSOLUTE LIEBE

Es ist wichtig, daß Sie verstehen, daß die Liebe, die Sie füreinander empfinden, in der Agape-Liebe gegründet sein muß, wenn sie Bestand haben soll. Diese Liebe ist eine *absolute* Liebe und kommt direkt von Gott. Es gibt keinen Ersatz dafür. Eine solche Liebe können Sie niemals aus sich selbst hervorbringen. Um das Wesen dieser Liebe besser zu verstehen, führen Sie sich einmal einige der Synonyme für das Wort „absolut" vor Augen: echt, authentisch, unbestreitbar, wirklich, sicher, wahr, unleugbar, vollständig, vollkommen und gottähnlich.

Wir haben also zwei Arten der Liebe, die zu einer verschmelzen, um unser gemeinsames Leben zu segnen: *zusammenführende Liebe und absolute Liebe.* Beide müssen im Mittelpunkt der Beziehung stehen. Diese Arten der Liebe lassen sich im vollen Sinne nur innerhalb des schützenden Überbaus erleben, den Gott eingesetzt hat. Stellen wir uns diesen Überbau der Ehe als ein Haus vor. Wir betreten dieses Haus aus freier Entscheidung. Diese Entscheidung vollziehen wir sowohl im juristischen als auch im öffentlichen und vor allem auch im geistlichen Sinne. Wenn wir heiraten, kommen wir nicht an der Tatsache vorbei (selbst wenn wir es wollten), daß wir einen *heiligen Bund* eingehen. In seinem Buch *Marriage, Divorce and Remarriage* schreibt Jay Adams:

> „Gott hat die Ehe als grundlegendes Element der gesamten menschlichen Gesellschaft eingesetzt. Bevor es ... Gemeinden, Schulen, Firmen gab, hat Gott formell die Ehe aufgerichtet und erklärt: ‚Darum wird ein Mann seinen Vater und seine Mutter verlassen und seinem Weibe anhangen, und sie werden sein ein Fleisch.'"

Weiter führt er aus:

> „Wäre die Ehe menschlichen Ursprungs, so hätten die Menschen das Recht, sie beiseite zu schieben. Aber da Gott die Ehe eingesetzt hat, hat nur er das Recht, das zu

tun. ... Ebensowenig darf die Ehe nach menschlichem Gutdünken geregelt werden. Sie ist Regeln und Anweisungen unterworfen, die Gott niedergelegt hat. Hätte er, nachdem er die Ehe einrichtete, nichts weiter dazu gesagt, so hätten wir unsere eigenen Regeln dafür aufstellen können. Aber er hat uns nicht im ungewissen gelassen; Gott hat uns seinen Willen bezüglich der Ehe auf den Seiten der Bibel hinterlassen."[3]

HINGABE AN DIE EHE

Eines unserer Probleme heute ist, daß die Ehe so leichtgenommen wird. Sie ist kein Ort der Geborgenheit und Sicherheit mehr. Nur durch *Hingabe* an die absolute Beständigkeit der Ehe, eine Hingabe, zu der sich beide Partner auf der Grundlage tiefer Überzeugung und freier Entscheidung bekennen, kann die Ehe zu dem sicheren Hüter der Liebe werden. Wenn wir uns zu dieser Hingabe ein für allemal entschlossen haben und in ihrem Sinne an unserer Beziehung arbeiten, wird der Überbau der Ehe unsere Liebe bewahren. Und ein Paar, das seine Ehe durch diese Hingabe untermauert hat, wird auf die unvermeidlichen Härtezeiten vorbereitet sein, die jede Ehe gelegentlich erleben wird.

Wer den Gedanken einer von Liebe erfüllten, dauerhaften Ehe aufgegeben hat, versteht nicht das ABC der Liebe: Absolute Liebe stärkt und veredelt unsere zusammenführende Liebe, und Hingabe an die Beständigkeit der Ehe hütet und bewahrt unsere Liebesbeziehung für den Rest unseres Lebens.

Die Kurzformel lautet also:

   absolute Liebe
 + zusammenführende Liebe
 + Hingabe
 _____
 = eine dauerhafte Beziehung

DIE KRAFTQUELLEN DES HIMMELS

Während unserer Ehe-Vorbereitungsgespräche stellen wir verlobten Paaren für gewöhnlich die Frage: „Wie wollen Sie Ihren fünfundzwanzigsten Hochzeitstag feiern?" Auch wenn es so scheint, als sei das im Moment ihre geringste Sorge, so ist diese Frage doch relevanter, als sie ahnen. Eine Ehe, die auf Dauer glücklich bleibt, beginnt mit der vertrauensvollen Gewißheit, daß es einen fünfundzwanzigsten Hochzeitstag geben wird oder auch einen fünfzigsten oder mehr, wenn Gott will.

Wir möchten Ihnen gern einige Gründe für diese Gewißheit geben, gerade in einer Zeit, in der Scheidung für viele die natürliche Folge jeder Eheschließung zu sein scheint. Wir nennen sie die „Kraftquellen des Himmels". Damit meinen wir verläßliche Wahrheiten über Gottes Bereitschaft, Ihnen zu helfen, die Art von Ehe aufzubauen, von der Sie heute träumen.

1. Es ist Gottes Wille für jede Ehe, daß die Partner sich mit einer intensiven geistlichen, emotionalen und körperlichen Zuneigung lieben, die während des gemeinsamen Lebens weiter zunimmt.

Gottes Absicht ist es, daß Sie und Ihr Partner diese Liebesbindung *gemeinsam* erleben und nicht mit irgendwelchen Ersatzpartnern. Er wird Ihnen zeigen, wie Sie das erreichen können.

2. Gott ist es, der Sie geschaffen hat, der die Ehe erdacht und sie zu Ihrem Segen eingesetzt hat. Er ist es, der Ihnen die Fähigkeit zu lieben schenkt. Deshalb ist er auch derjenige, der am besten weiß, wie die Liebe in Ihrer ganz persönlichen Beziehung zum Tragen kommen kann. Sie können ihm vertrauen, daß er regen Anteil an Ihren Bemühungen nimmt, eine von Liebe erfüllte Ehe aufzubauen.

Ein drittes Prinzip folgt logisch aus diesen beiden großen Wahrheiten:

3. Es ist für jedes gläubige Paar möglich, diese Liebesbezie-

hung in der Ehe zu verwirklichen, denn sie befindet sich in Übereinstimmung mit dem ausdrücklichen Willen Gottes.

Sollte einmal die Zeit kommen, in der Sie mutlos in bezug auf Ihre Beziehung werden, denken Sie daran, daß Ihnen die Kraftquellen des Himmels jederzeit zur Verfügung stehen. Für jedes Paar, das wirklich will, kann eine von Liebe erfüllte Ehe Wirklichkeit werden.

Fassen wir diese ersten beiden Kapitel in einer Grundregel zusammen: Genießen Sie die *Gefühle* der Liebe und geben Sie gut auf sie acht, aber leben Sie nach den *Tatsachen* der Liebe.

Bewahrt die Freuden Eurer Liebe
immer grün und wachsend,
indem Ihr ihre Wurzeln tief in die Wahrheit einpflanzt
und sie mit der Weisheit begießt.

DIE ERSTE GRUNDBEDINGUNG: TREUE

„Welche einzelne Eigenschaft trägt Ihrer Meinung nach am meisten zum fortgesetzten Wachstum der Liebe in Ihrer ehelichen Beziehung bei?"

Diese Frage wurde kürzlich einem Ehemann und seiner Frau gestellt, die sich seit mehr als einem Vierteljahrhundert lieben. Ihre Reaktionen waren vollkommen ehrlich, da jeder von ihnen antwortete, ohne die Antwort des anderen zu kennen. Wie mögen sie wohl geantwortet haben? Welche Grundbedingungen haben zum Bestand ihrer Ehe beigetragen?

Die Frau nahm sich Zeit, bevor sie eine Antwort gab, wobei sie offensichtlich an die vielen guten Aspekte ihrer Beziehung dachte. „Es muß wohl die *Treue* sein", antwortete sie schließlich. „Steves Treue zu mir in all den Jahren ist so unmißverständlich, daß ich nicht in Furcht und Unsicherheit leben muß. Ich zweifle nie daran, daß er einfach immer da sein und mich lieben wird, solange noch Leben in seinem Körper ist."

Dann fügte sie hinzu: „Zwei Eigenschaften, die mir fast ebensoviel bedeuten wie die Treue sind Steves unerschöpfliche *Freundlichkeit* – auf diese kann ich mich wirklich verlassen! – und seine *Einfühlsamkeit* für mich. Wann immer ich bei ihm Trost suche, breitet er die Arme aus, um mich an sich zu drücken. Und wenn ich die Hand ausstrecke, ist seine Hand immer da und wartet auf mich, warm und stark."

„Aber wenn ich darüber nachdenke", fuhr sie fort, „dann wird mir klar, daß sich in seiner Freundlichkeit und Einfühlsamkeit nur wieder seine Treue mir gegenüber ausdrückt!"

Steve beantwortete dieselbe Frage mit derselben Sicherheit. „Wie auch immer man es nennen will", sagte er, „die wichtigste Eigenschaft ist, daß ich meiner Frau vertrauen kann. Ich vertraue ihr, daß sie mir *treu* ist, und ich vertraue ihr, daß sie mich auch fortan lieben, mein Bestes im Sinn haben und mir gegenüber loyal sein wird. Das ist das Grundlegende."

Interessant ist, daß wir bei der Arbeit an diesem Handbuch zu ähnlichen Schlüssen gekommen sind, was die Eigenschaften betrifft, die für eine dauerhafte Ehe entscheidend sind.

Wie aber können wir die Treue, diese grundlegende Eigenschaft, zu einem Grundstein unserer Beziehungen machen?

Eheliche Treue bedeutet, daß wir fest zu der Bindung stehen, die wir eingegangen sind. Sowohl in unserer Haltung als auch in unserem Handeln sind wir loyal, treu und beständig gegenüber unserem Ehepartner. Obwohl *Treue* etwas mit *Pflicht,* mit Abmachungen und Versprechen zu tun hat, denen es gerecht zu werden gilt, ist es für wirklich treue Eheleute keine Pflicht, sondern eine *Freude,* ihre gegenseitige Aufrichtigkeit und Treue auszuleben.

Für solche liebevolle Loyalität gibt es zwei Voraussetzungen:

Erstens darf ein treues Paar niemals einer dritten Person gestatten, in ihre Liebesbeziehung einzudringen. Wenn Sie Ihrem Partner treu sind, dann meiden Sie nicht nur den Ehebruch, sondern geben Sie sich nicht einmal den Anschein des Interesses an einer anderen Person. Ihr Partner sollte nie das Gefühl haben, mit jemand anderem um Ihre Aufmerksamkeit oder Bewunderung wetteifern zu müssen.

Das zweite Erfordernis für die Treue beinhaltet, daß Sie Ihren Partner so lieben, daß seine oder ihre Bedürfnisse und tiefsten Wünsche erfüllt werden. Wir können uns nicht damit herausreden, daß wir nicht wüßten, wie das geht; in der Bibel hat Gott uns vor Augen geführt, wie wir einander in Treue lieben können (vgl. auch Kapitel 8 und 9).

Treue beginnt mit einer bewußten Entscheidung. Es geht dabei im Grunde immer um eine Entscheidung. Ein gläubiger Therapeut erläutert:

> „Ein zentraler Aspekt der Ehe ist dieser ‚Entscheidungsprozeß‘, durch den eine einzigartige Beziehung zu einer Person aufgenommen wird. Was eine Ehe am Leben erhält, ist eine Treue, die sich immer wieder für dieselbe Person entscheidet, auch inmitten von Schmerz, Frustration und Desillusionierung. Ohne dies kann die Institution Ehe sich nicht die frische Blüte ihrer ersten Tage oder die Versprechen ihrer Partner erhalten."[1]

Die immer wiederkehrende Entscheidung für die Treue gegenüber der Person, für die Sie sich einmal entschieden haben, macht den Unterschied zwischen einer leeren Beziehung (in der beide irgendwann versuchen werden, ihre emotionalen Bedürfnisse anderswo zu stillen) und einer warmen, lebendigen, vertrauten Beziehung, die in der Geborgenheit unerschütterlicher Liebe immer weiter wächst.

Treue ist nicht nur eine immer wiederkehrende Entscheidung. Sie ist auch ein ständiger Aufruf zum Handeln. Wenn Sie die Treue nicht ausdrücken, wenn Sie sie nicht in Ihrem täglichen Leben demonstrieren, dann ist es keine Treue.

Um aktive Treue zu illustrieren, lassen Sie uns die folgende authentische Geschichte betrachten. Ein Paar war erst ein Jahr lang verheiratet, als die Frau an Multiple Sklerose erkrankte. Da sie den Gedanken nicht ertragen konnte, ihrem Mann eine Last zu sein, beschloß diese junge Frau, ihn „freizugeben". Aber ihr Mann weigerte sich, sie zu verlassen. Statt dessen überschüttete er sie mit zärtlicher Fürsorge und Liebe, solange sie lebte. Warum tat er das? „Weil ich gemeint habe, was ich sagte, als ich Gott das Versprechen gab, sie ‚in guten wie in schlechten Zeiten‘ und ‚in Krankheit und in Gesundheit‘ zu lieben." Hat er es je bereut? Nein! Dieser treue Ehemann sagte mit Nachdruck: „Gott hat uns beide unglaublich glücklich gemacht."[2]

Betrachten wir im Gegensatz dazu eine andere wahre Begebenheit von einem Ehemann, dessen langjährige Ehefrau in die Endphase ihrer tödlichen Krankheit eintrat. Er kam zu dem Schluß, daß er ihr nicht all die Aufmerksamkeit geben könne, die sie brauchte. Für sein eigenes Überleben sei es notwendig, daß er sein eigenes Leben lebte. Das war für ihn erstrangig.

Beide Männer hatten ihre Versprechen gegeben, aber nur einer von ihnen behielt es auch unter schwierigen Umständen bei. Ein Mann lebte seine Treue aus, der andere sein eigenes Leben. In ihrem Handeln spiegelten sich ihre Entscheidungen wider.

Nur wenige von Ihnen werden schon früh in Ihrer Ehe solch schwere Entscheidungen treffen müssen, aber vielleicht wird später einer der Partner auf Grund ernster gesundheitlicher Probleme zärtliche, schützende Fürsorge brauchen. Es liegt ein großer Trost darin, wenn Sie sich auf Ihre gegenseitige Treue verlassen können, was auch immer kommen mag. Dieses Gefühl der Geborgenheit kann sich nicht auf blindes Vertrauen gründen. Vielleicht sind Sie mit blindem Vertrauen in die Ehe gegangen, aber jetzt ist es angesagt, Vertrauen und Treue aufzubauen. Durch die Treue, die Sie heute zeigen, bauen Sie Vertrauensbrücken für ein ganzes Leben. Im folgenden finden Sie sieben Möglichkeiten, Treue zu demonstrieren.

1. Zeigen Sie ein konsequent treues Verhalten. Die Bibel sagt: „Jagt allezeit dem Guten nach" (1. Thess. 5,15).

Mit anderen Worten, tun Sie, was Sie können, um Ihre Treue aktiv auszudrücken. Unterstützen und ermutigen Sie Ihren Partner, indem Sie helfen, wo und wann immer es möglich ist. Wenn Sie eine Arbeit sehen, die getan werden muß, tun Sie sie, ohne sich erst darum bitten zu lassen. Seien Sie konsequent ehrlich in Ihrem Umgang, und erweisen Sie sich auch im kleinsten Detail als vertrauenswürdig. Eine geplagte Ehefrau sagte uns einmal: „Es kostet viel Energie, jemanden zu lieben, dem man nicht vertrauen kann!" Vertrauenswürdig sein heißt, Wort zu halten. Wenn Sie sich mit Ihrem Partner zu einer bestimmten Zeit an einem bestimmten Ort verabreden, sehen Sie zu, daß Sie pünktlich zur Stelle sind. Liebe erweist sich im Handeln.

2. Vermeiden Sie es, Ihren Partner zu verletzen oder zu enttäuschen, und tun Sie nichts, was den Argwohn Ihres Partners wecken könnte. Die Bibel sagt: „Meidet das Böse in jeder Gestalt" (1. Thess. 5,22).

Lassen Sie uns gemeinsam zwei Fallbeispiele betrachten: Im ersten Fall hatte der Ehemann die Angewohnheit, in geselligen Situationen anderen Frauen beiläufig den Arm um die Schultern zu legen. Ihm bedeutete es nichts, aber es irritierte seine Frau und wirkte sich daher nachteilig auf ihre Beziehung aus. In einem anderen Fall äußerte sich die Ehefrau manchmal lobend über andere Männer, die sie bewunderte und respektierte. Ihr Mann fühlte sich dadurch bedroht, weil er meinte, seine Frau schätze andere Männer mehr als ihn. Wenn Sie sich nicht sicher sind, ob ein bestimmtes Handeln Ihren Partner verletzen könnte, stellen Sie sich die Frage: „Sieht das mit den Augen meines Partners nach Treue oder wie Untreue aus?"

3. Lassen Sie Ihren Partner spüren, daß das Treusein Ihnen Freude macht und daß Sie nicht nur aus Pflichtgefühl treu sind. Zeigen Sie, daß Sie froh sind. Die Bibel sagt: „Seid allezeit fröhlich" (1. Thess. 5,16).

Ein größeres Kompliment können Sie dem Menschen, den Sie lieben, nicht machen, als daß Sie glücklich sind. Der Ausdruck von Freude bringt Leben in eine Ehe. Aber manchmal erlebt ein Partner Zeiten der Traurigkeit, der Grübelei, der Sorgen oder der Niedergeschlagenheit. Dann wird auch der andere Bedrängnis empfinden und sich vielleicht fragen: „Habe ich etwas falsch gemacht? Liebt mein Partner mich nicht mehr? Wenn mein Partner nicht glücklich ist, muß das mein Fehler sein." Seien Sie in solchen Zeiten offen zueinander; ermutigen Sie sich gegenseitig und beten Sie gemeinsam über Ihr Anliegen.

4. Bringen Sie Ihre Dankbarkeit zum Ausdruck über den Segen, den Ihr Partner in Ihr Leben bringt. Danken Sie ihm/ihr auch für die kleinsten Dinge. Sprechen Sie mit anderen Leuten positiv über Ihren Partner, und danken Sie Gott für ihn. Die Bibel sagt: „Seid dankbar in allen Dingen" (1. Thess. 5,18).

Die Wertschätzung, die Sie zeigen, demonstriert nicht nur Ihre Treue gegenüber Ihrem Partner, sondern sie verwurzelt die Treue noch tiefer in Ihrem eigenen Herzen. Es ist erstaunlich, wie stark wir dazu neigen, unseren eigenen Worten zu glauben. Achten Sie also auf das, was Sie sagen, und sprechen Sie positiv.

5. Lernen Sie, auch in kleinen Dingen einfühlsam auf Ihren Partner einzugehen. Einem treuen Liebhaber wird keine Mühe zu groß sein, um den geliebten Menschen zu verstehen. Erstikken Sie nicht den Geist Ihres Partners durch Mißverständnisse!

Nehmen wir einmal das Beispiel von Karen und Gary. Karens Familie hatte schon immer viel Wert auf Geburtstage gelegt, während Gary sogar seinen eigenen Geburtstag vergessen konnte, wenn man ihn nicht daran erinnerte. Als Gary einmal beiläufig die Geburtstagsfeier für seine Frau auf das Wochenende verschob, weil es dann besser paßte, fühlte sich Karen niedergeschlagen und ungeliebt. Gary hatte ein paar besondere Dinge geplant, von denen er glaubte, daß sie Freude daran hätte, und so war er verblüfft, als Karen ihm an jenem Tag feindselig und weinend begegnete. „Warum hast du mir denn nicht wenigstens meine Geburtstagskarte an meinem Geburtstag gegeben?" rief sie aus. „Dann wäre alles in Ordnung gewesen." Gary konnte nur antworten: „Weil ich nicht daran gedacht habe. Ich wußte nicht, daß der Zeitpunkt so wichtig für dich war."

Es ist wichtig, zu *wissen*, was Ihrem Partner wichtig ist. Denken Sie daran, wie verschieden Sie und Ihr Partner sind – nicht nur Ihr Hintergrund, sondern Ihre gesamte emotionale Beschaffenheit. Sie können keine Treue demonstrieren, wenn Sie nicht „mit Einsicht" miteinander leben (vgl. 1. Petr. 3,7). Erkunden Sie, was Ihrem Partner wirklich wichtig ist, lernen Sie seine oder ihre emotionale Sprache der Liebe, und handeln Sie dann entsprechend.

6. Beten Sie darum, daß Sie treu sein werden. Es ist nicht immer leicht, all das zu geben, was Ihr Partner braucht. Wir können dabei alle Hilfe gebrauchen, die wir bekommen können. Die Bibel sagt: „Betet ohne Unterlaß" (1. Thess. 5,17). Verlieren Sie das Ziel der Treue nicht aus den Augen, und bleiben Sie in einer inneren Haltung des Gebets.

Das Gebet wird Ihre Wachsamkeit für alles schärfen, was Sie aus dem „Eins-Sein" der ehelichen Beziehung herausziehen könnte. Sollte einmal eine vorübergehende Begeisterung für eine andere attraktive Person Sie ablenken, wird eine innere Haltung des Gebets Ihre Aufmerksamkeit wieder in die richtige Richtung lenken.

7. Schauen Sie auf Gott, der treu ist. Er kann Ihnen die Kraft schenken für das, was Sie aus eigener Kraft nicht fertigbringen. Die Bibel sagt: „Treu ist er, der euch ruft; er wird's auch tun" (1. Thess. 5,24).

DIE ZWEITE GRUNDBEDINGUNG: VERGEBUNG

Für die meisten von uns ist die Ehe eine Kette von Überraschungen. Eine davon ist, daß es immer wieder nötig ist, zu vergeben und Vergebung zu bekommen. Treue ist vielleicht die erste Grundbedingung einer von Liebe erfüllten Ehe, aber selbst die beste Beziehung kann ohne die zweite Grundbedingung, die Vergebung, nicht lange intakt bleiben.

HEILENDE BERÜHRUNG

Jedes Ehepaar braucht die heilende Berührung der Vergebung. Wo könnten sich mehr Möglichkeiten bieten, einander zu ärgern, zu beleidigen, zu verletzen oder zu irritieren als in der Intimität des Ehelebens, wo wir uns ständig ins Gehege kommen und alles miteinander teilen müssen (ob wir wollen oder nicht)? Und hier sind die „großen" Verletzungen, die Ehemänner und Ehefrauen einander antun können, und die mehr Vergebung erfordern, als irgendeiner von uns aus eigener Kraft aufbringen könnte, noch nicht einmal inbegriffen.

Vergeben zu lernen und die geistlichen Quellen dafür anzuzapfen, ist eine der wichtigsten „Fähigkeiten", die jung Verheiratete sich aneignen können. *Fähigkeit* scheint ein unangemessenes Wort zu sein für etwas so Herrliches wie Vergebung, aber es hat wirklich etwas mit „Lernen" zu tun.

Vergebung als Lebensstil

Denken Sie sich einen Moment lang Vergebung als Lebens-stil. Stellen Sie sich vor, wie Ihre Beziehung Jahr für Jahr wächst mit der *Vergebung als wichtigem Nährstoff* in der Erde Ihrer Ehe, die Ihre Liebe lebendig und blühend erhält.

Oder stellen Sie sich die Vergebung vor als ein lebens-wichtiges Element in der emotionalen Luft, die Sie tagtäglich einatmen.

Mit anderen Worten: Vergebung muß in Ihrer Beziehung zur Gewohnheit werden – zu etwas, das Sie beide liebevoll, konsequent und *vergeßlich* tun, weil Sie nicht Buch führen!

Was ist Vergebung? Über diese Frage herrscht gelegent-lich Verwirrung. Die meisten Menschen stellen sich unter Vergebung vor, daß man seine Gefühle gegenüber jeman-dem, der einem Unrecht getan hat, verändert, daß man sei-nen Zorn und seinen Rachedurst durch tränenrührige Freundlichkeit ersetzt.

Doch Vergebung ist *kein Gefühl.* Sie ist eine Entschei-dung, die Sie treffen und die vielleicht jeder selbstbezoge-nen Faser Ihres Wesens widerspricht. Vergessen Sie also die billige Sentimentalität, die die Welt mit dem Gedanken der Vergebung verbindet. Sicher, Sie werden möglicherweise gewisse Emotionen empfinden, wenn Sie vergeben, etwa Freude darüber, wieder versöhnt und einander nah zu sein. Aber wenn Sie nur auf einen sentimentalen Impuls hin han-deln, gibt es keinerlei Gewißheit, daß Ihre Vergebung über diesen momentanen Impuls hinaus Bestand haben wird. Wirkliche Vergebung ist eine starke, *verstandesmäßige Ent-scheidung,* die auf geistlichen Werten beruht, aus geistlichen Quellen genährt wird und nach dem geistlichen Prinzip der Vergebung Gottes modelliert ist.

Gottes Wort in Ihrer Beziehung

Um zu verstehen, wie Vergebung sich in Ihrer ehelichen Beziehung auswirken kann, ist es notwendig, daß wir uns in der Bibel über das Wesen der Vergebung Gottes informieren. Obwohl die gesamte Bibel von dem Wunder der göttlichen Vergebung durch Jesus Christus widerhallt, wird ein Vers für uns ausreichen: „Seid aber untereinander freundlich und herzlich und vergebt einer dem andern, wie auch Gott euch vergeben hat in Christus" (Eph. 4,32).

1. Seid freundlich (chrestoi = sanft, gütig, freundlich, nützlich).

2. Seid herzlich (eusplanchnoi = barmherzig).

3. Vergebt einander (charizomenoi = gern geben, reichlich spenden, schenken).

4. Wie auch Gott euch vergeben hat (eine andere Form desselben Verbs charizomai) in Christus.

Hier wird für Vergebung, sei es nun menschliche oder göttliche Vergebung, dasselbe wunderbare Wort verwendet. *Charizomai* bedeutet, jemandem eine Gunst großzügig, bedingungslos und freigiebig erweisen. Es steht für die Gunst, Gnade und Güte Gottes gegenüber dem Menschen – des Würdigen gegenüber dem Unwürdigen.

Es ist offensichtlich, daß wir aus eigener Kraft so nicht vergeben können, aber wenn wir diese Gunst – Gottes persönliche Vergebung durch Jesus Christus – selbst erfahren haben, dann können wir in unserer Ehe aus dieser Quelle schöpfen und eine wirklich liebevolle Ehe führen.

Soviel steht also fest: Wir können an Gottes Beispiel das Vergeben lernen. Wir können aus seinen Quellen schöpfen, um einander diese großzügige Gunst zu erweisen.

VERGEBUNG IST EIN VERSPRECHEN

Die nächste Frage lautet: Wie können wir einander vergeben? In seinem Buch *More Than Redemption* erläutert Jay
Adams:

> „Vergebung ist ein *Versprechen*. Wenn Gott einem Sünder
> vergibt, dann wird er nicht einfach rührselig über dessen
> Reue. Nein, sondern er gibt zu Protokoll, daß er verge-
> ben hat, indem er etwa folgendes Versprechen gibt (und
> hält): ‚Ich will ihnen ihre Missetaten vergeben und ihrer
> Sünde nimmermehr gedenken' (Jer. 31,34).
> Unsere Vergebung ist nach Gottes Vergebung modelliert
> (Epheser 4,32). Das bedeutet, daß auch für uns Verge-
> bung ein Versprechen ist, das eine feste Zuversicht für die
> Zukunft gibt. Wenn also einer zum anderen sagt: ‚Ich ver-
> gebe dir', dann macht er damit auch ein Versprechen. Das
> … ist ein wesentliches Element der Vergebung."[1]

Adams definiert Vergebung als *eine formelle Erklärung, die
Last der Schuld eines Menschen wegzunehmen, und als ein Versprechen, nicht mehr an das Unrecht des Partners zu denken.*

WIE VERGEBUNG
IN EINER KRISE WIRKT

Überprüfen wir diese Definition, indem wir ein Szenario
entwerfen, das uns als Beispiel dienen soll. Ein Ehemann
(nennen wir ihn Mark) hat seine Frau (nennen wir sie Lucinda) tief verletzt, indem er auf einer Party ihrer ehema-
ligen Zimmerkameradin vom College (Shirley) zuviel Aufmerksamkeit erwies. Nach ihrer Rückkehr nach Hause haben sie eine stürmische Diskussion darüber. (Sie schleudert
ihm Blitze entgegen, er versucht, dem Unwetter zu entgehen.) Schließlich schafft er es, zum Ausdruck zu bringen,

daß es ihm leid tut, daß es ihm nichts bedeutet hat und daß er sich wünschte, sie könnte ihm vergeben.

Lucinda würde es vorziehen, ihren Zorn noch ein wenig zu nähren; schließlich hat er es nicht besser verdient! Aber sie erinnert sich an drei Dinge: daran, wie sehr sie ihn liebt; daran, wie wichtig Vergebung in der Ehe ist; und daran, wie Christus ihr vergab, obwohl sie vieles getan hatte, das schlimmer war als dies hier. Also trifft sie die Entscheidung, ihm zu vergeben. Sie beten zusammen, einigen sich darüber, wie sie sich beide in Zukunft auf Partys verhalten sollten, und gehen versöhnt zu Bett.

MEHR ALS EINE EMOTIONALE EPISODE

Dies ist viel mehr als eine emotionale Episode. Durch ihre Entscheidung zur Vergebung hat Lucinda Mark ein Versprechen gegeben, ebenso wie Gott seinem Volk ein Versprechen gab. Sie hat die Last der Schuld von ihm genommen; er muß morgen früh nicht mit schamrotem Gesicht aufstehen und „leisetreten". Er muß keine Last mehr tragen.

Aber in diesem Versprechen steckt noch mehr als das. Gottes Vergebung beinhaltet, daß er nie wieder an die Sünde seines Volkes denken will. Auch Lucindas Versprechen beinhaltet eine dreiteilige Verpflichtung, sei sie ausgesprochen oder nicht: „Ich werde dir diese Sache nie wieder vorhalten, Mark. Ich werde sie auch nicht vor anderen zur Sprache bringen. Ich werde weder mit meiner Schwester noch mit meiner besten Freundin darüber reden, und ich werde auch Shirley keine Szene machen." Und jetzt kommt das Schwierigste, der dritte Teil. Sie verspricht auch: „Ich werde die Sache auch vor mir selbst nicht wieder zur Sprache bringen. Ich werde nicht mehr daran denken!"

GEFÜHLE HABEN NICHTS DAMIT ZU TUN

(Anmerkung: Lucinda gab dieses Versprechen nicht ab, weil ihr danach war. Das nicht. Sie kochte vor Wut! Wie konnte er sich da hinsetzen und den ganzen Abend mit Shirley reden! Aber sie traf die bewußte Entscheidung, ihm zu vergeben.)

Während sie am nächsten Morgen Kaffee kocht, steigt allmählich der Zorn wieder in ihr auf. Jetzt kommt es darauf an, ihr Versprechen zu halten, ob ihr danach ist oder nicht. Also bittet sie Gott, ihr zu helfen, liebevoll zu Mark zu sein. Sie begrüßt Mark mit einem Kuß. Nach dem Frühstück lesen sie zusammen in der Bibel, und sie überrascht ihn, indem sie ihm beim Autowaschen hilft. (Sie saugt sogar die Innenpolster ab – das ist die Arbeit, die er am wenigsten mag.)

WENN DAS SELBSTMITLEID ZURÜCKKEHRT ...

Inzwischen *fühlt* sie sich sogar innerlich wieder warm und voller Liebe, und die beiden verbringen ein wunderschönes Wochenende zusammen. Alles läuft gut, bis sie drei Tage später im Wartezimmer des Zahnarztes sitzt. Irgend etwas (sie weiß nicht, was) ruft die Erinnerung an jene Party in ihr wach und daran, wie mies sie sich gefühlt hat. Erneut kommt die Frage hoch: *Wie konnte Mark mir das nur antun?!?* Plötzlich sackt sie ab in tiefes Selbstmitleid und ist erneut in Gefahr, ihr Versprechen zu brechen.

Aber Lucinda weiß, wie sie sich in solchen Situationen helfen kann. Sie läßt ihre Gedanken nicht mit sich durchgehen, und sie streitet auch nicht mit ihnen. Statt dessen wendet sie ihren Blick von ihnen ab und beschäftigt sich geistig mit etwas anderem. Sie zieht ihren Taschenkalender heraus und fängt an, einen Speiseplan für ihren Camping-Ausflug in die Berge aufzustellen. Der Moment geht vorbei, und Gott tut das Seine. Ja, sie überwindet den emotionalen Schmerz so, daß sie sogar freundlich grüßen kann, als ihr zwei Monate später im Einkaufszentrum Shirley über den Weg läuft. Später verblaßt die Erinnerung an den Vorfall ganz, und wenn sie sich überhaupt noch daran erinnert, dann ohne ihn von neuem zu durchleben. Es ist wie ein lange zurückliegendes, weit entferntes Ereignis. Sie hat auf biblische Weise vergeben, und Gott hat ihr die Kraft dazu geschenkt.

Was bei Mark ankommt ...

Auch Mark lernt mehrere Lektionen: Erstens, daß er sich wie ein grober Klotz benommen hat und mehr Rücksicht auf die Gefühle seiner Frau nehmen muß. (Er bekennt Gott seine Sünde und bittet Gott, ihn einfühlsamer für ihre Bedürfnisse zu machen.) Zweitens, daß seine Frau wunderschön ist, und zwar nicht nur äußerlich. (Er empfindet mehr Respekt und Dankbarkeit für sie.) Und drittens, daß er ihr seinerseits schnell vergeben wird, wenn sie ihn das nächste Mal verletzt (was gelegentlich vorkommt). Lucindas Entscheidung, ihm zu vergeben, hat in ihrer Ehe ein heilsames Verhaltensmuster in Gang gebracht.

Die vier Schritte der Vergebung

Hier sind die vier Schritte der Vergebung noch einmal zusammengefaßt:

1. Entschließen Sie sich aus freiem Willen dazu, zu vergeben.

2. Geben Sie das Versprechen, dem anderen die Last der Schuld von den Schultern zu nehmen, was das an Ihnen begangene Unrecht betrifft. Denken Sie nicht mehr an das Geschehen – bringen Sie es nie wieder zur Sprache, weder der betreffenden Person noch anderen noch sich selbst gegenüber.

3. Besiegeln Sie das durch Ihr Verhalten, indem Sie auf angemessene Weise durch barmherzige Freundlichkeit Ihre Liebe demonstrieren und das tun, was die Bibel Ihnen in dieser Situation als richtig aufzeigt.

4. Vertrauen Sie Gott, daß er Ihnen dabei hilft, die Sache zu vergessen. Er wird Ihr Denken erneuern und Ihnen eine veränderte Einstellung schenken.

WENN SIE NICHT VERGEBEN WOLLEN

Was ist, wenn Sie sich entscheiden, nicht zu vergeben? Was ist, wenn Sie es vorziehen, die Ressentiments, den Zorn und die Verletzung festzuhalten? Gottes Wort macht die Konsequenzen einer solchen Entscheidung ganz deutlich. Betrachten wir uns also die Alternativen.

1. Wenn Sie an Ihren Ressentiments festhalten, werden sie sich in Bitterkeit verwandeln. Die Folge ist, daß Ihr Leben und das anderer Menschen vergiftet wird.

> „Und seht darauf, daß nicht jemand Gottes Gnade versäume; daß nicht etwa eine bittere Wurzel aufwachse und Unfrieden anrichte und viele durch sie unrein werden" (Hebr. 12,15).

2. Wenn Sie sich weigern, die Last des Unrechts, das an Ihnen begangen wurde, loszulassen, und sie statt dessen selbst tragen wollen, kann das zu einer Verkrüppelung Ihrer Lebendigkeit führen. Gott warnt uns vor geistlicher Lahmheit:

> „Und macht sichere Schritte mit euren Füßen, damit nicht jemand strauchle wie ein Lahmer, sondern vielmehr gesund werde. Jagt dem Frieden nach mit jedermann und der Heiligung, ohne die niemand den Herrn sehen wird, und seht darauf, daß nicht jemand Gottes Gnade versäume; daß nicht etwa eine bittere Wurzel aufwachse und Unfrieden anrichte und viele durch sie unrein werden" (Hebr. 12,13-15).

3. Wenn Sie zur Vergebung nicht bereit sind, gibt es keine Möglichkeit für Sie, Ihr Leben in der persönlichen Gemeinschaft mit Gott zu gestalten. Das Vergeben-Können eines Christen beruht darauf, daß er weiß, daß ihm selbst vergeben worden ist, wie wir in Epheser 4,32 lesen. Ihre Entscheidung, diese Vergebung anderen vorzuenthalten, wird zwischen Ihnen und Gott eine Barriere aufrichten.

„Denn wenn ihr den Menschen ihre Verfehlungen vergebt, so wird euch euer himmlischer Vater auch vergeben.

Wenn ihr aber den Menschen nicht vergebt, so wird euch euer Vater eure Verfehlungen auch nicht vergeben" (Matth. 6,14-15).

In seinem Buch *The Freedom of Forgiveness* fordert David Augsburger seine Leser heraus, die Macht der Liebe, alle Bitterkeit des Herzens zu überwinden, kennenzulernen. Doch an jene, die die Freiheit der Vergebung zurückweisen wollen, richtet er die Warnung:

> „Wenn Sie die Absicht haben, all Ihre Rechte im Leben einzufordern, jede Rechnung zu begleichen und jeden Pfennig, den Ihnen jemals jemand schuldete, zurückzuverlangen, dann nur zu.
>
> Aber wenn Sie keinen Zentimeter zurückweichen, dürfen Sie auch keine zweite Chance erwarten; wenn Sie keine Gnade zeigen, brauchen Sie auch nicht auf Gnade zu hoffen; wenn Sie nicht vergeben, können Sie auch keine Vergebung erwarten. Leben, Liebe, Gnade und Vergebung sind keine Einbahnstraßen. Um zu empfangen, müssen Sie geben. Und zwar demütig. Machen Sie sich bewußt, daß Sie ständig von dem Verständnis und der Annahme anderer und der liebenden Gnade Gottes abhängig sind."[2]

Zugegeben, das Szenario, das wir hier als Beispiel betrachtet haben, stellt nicht gerade den Dreh- und Angelpunkt des Lebens dar. Ein solches Unrecht zu vergeben ist relativ leicht im Vergleich zu manchem Unrecht, von dem viele gebrochene und verbitterte Ehemänner und Ehefrauen berichten. Sicherlich ist dergleichen in Ihrer jungen Ehe noch nicht vorgekommen. Aber es ist ratsam, sich mit den Prinzipien der Vergebung so gründlich vertraut zu machen, daß Sie, sollte das Schlimmste eintreten, darauf vorbereitet sind, in Gottes Sinne damit umzugehen. Seien Sie versichert: Die mangelnde Bereitschaft zur Vergebung und ihre bleibenden Auswirkungen verursachen viel mehr Leid als die ursprüngliche Verletzung.

EINE KLARE ENTSCHEIDUNG

Im Grunde ist die Sache wirklich einfach: Sie wählen entweder die Liebe und damit die Fülle des Lebens, oder Sie halten die alten Verletzungen fest und lassen sie in Ihrem Inneren wuchern, bis sie die Herrschaft übernehmen und Sie zu ihrem Gefangenen werden. Aller Schaden fällt auf Sie selbst zurück. Das ist ein Prinzip des Lebens. Es ist das Gesetz des Säens und Erntens: „Irret euch nicht! Gott läßt sich nicht spotten. Denn was der Mensch sät, das wird er ernten" (Galater 6,7).

In einem Herzen voller negativer Einstellungen und schlechter Gefühle, voller Zorn, Bitterkeit, Ressentiments, Stolz, Verzweiflung oder Feindschaft (ob sie nun verschleiert sind oder nicht) kann die Liebe nicht wachsen. Seien Sie also stets wachsam, was Sie in Ihrer Ehe wachsen lassen.

WENN VERGEBUNG UNMÖGLICH ERSCHEINT

Wenn Sie vor der Notwendigkeit der Vergebung stehen und den Eindruck haben, daß Sie es einfach nicht schaffen können, bedenken Sie folgendes:

1. Gott fordert seine Kinder niemals auf, etwas zu tun, ohne daß er die dazu notwendigen Anweisungen als auch die Kraft zur Verfügung stellt. Die Anweisungen haben Sie in diesem Kapitel vor sich, und die Kraft wird er Ihnen schenken, wenn Sie ihn darum bitten.

2. Sie müssen sich nicht von Ihren Gefühlen beherrschen lassen, und Sie sind kein hilfloser Gefangener Ihrer Vergangenheit. Manche Leute stellen sich vor, sie seien Sklaven ihrer eigenen Gefühle und Gefangene von Ereignissen, die sich in der Vergangenheit zugetragen haben. Doch als Christen sind wir längst davon befreit. Jesus sagte:

„Und [ihr] werdet die Wahrheit erkennen, und die Wahrheit wird euch frei machen. ... Wenn euch nun der Sohn frei macht, so seid ihr wirklich frei" (Joh. 8,32; 36).

Wenn Sie ein Christ sind und allein auf Christus vertrauen, dann sind Sie in diesem Augenblick *frei*. Wenn Sie das glauben und danach handeln, werden Sie erfahren, daß es wahr ist.

3. Jesus Christus hält eine besondere Befreiung und Heilung für Sie bereit, wenn Sie durch die Schuld Ihres Partners – oder irgendeines anderen Menschen – verletzt und verwundet worden sind. Erinnern Sie sich an die Worte, die er gebrauchte, um seinen Dienst zu beschreiben:

„Der Geist des Herrn ist auf mir, weil er mich gesalbt hat, zu verkündigen das Evangelium den Armen; er hat mich gesandt, zu predigen den Gefangenen, daß sie frei sein sollen, und den Blinden, daß sie sehen sollen, und den Zerschlagenen, daß sie frei und ledig sein sollen" (Lk. 4,18).

Wir zitieren aus einem unserer Bücher:

„Es gibt keine Verletzung, keine emotionale Wunde in Ihrer Ehe, die der Herr nicht heilen könnte, wenn Sie sich entscheiden, zu vergeben und ihm die Angelegenheit und Ihre Reaktion darauf anzubefehlen. Kein Haß kann Sie gefangenhalten, wenn Sie sich für die Freiheit entscheiden. Keine negative Einstellung kann über Sie herrschen, wenn Sie sich entscheiden, sie im Gehorsam gegen den Herrn Jesus Christus loszulassen. Vor seiner Liebe können alte Ressentiments einfach nicht bestehen. Es ist, als ob man in jenem dunklen Zimmer die Jalousien hochzieht und die Fenster öffnet. Der Sonnenschein strömt herein und vertreibt die Dunkelheit aus dem letzten Winkel. Die Luft ist frisch und duftend und belebend."[3]

MÜSSEN WIR WIRKLICH ALLES VERGEBEN?

Gibt es eine Sünde, bei der man nicht von Ihnen verlangen kann, daß Sie sie vergeben? Manchmal hören wir: „Ich kann alles vergeben, aber nicht *das.*" Die Antwort ist, daß Gott bei unseren Sünden auch keine Auswahl trifft. Wenn er uns in Christus vergibt, vergibt er uns alles. Denken Sie also bitte daran, daß Gottes Gnade jede Form des Fehlverhaltens bedeckt.

Dr. Wheats persönliche Lebenshaltung ist folgende: „Zorn gegen irgendeinen Menschen zu hegen, ist immer eine riesige Zeitverschwendung. Die andere Person stört es nicht, aber uns selbst entzieht es alle Energie. Wir selbst sind die Verlierer." Seine Meinung ist: „Wenn jemand Feindschaft gegen mich hegt, ist das sein Problem, nicht meines. Was die Vergebung angeht, so diskutiere ich nicht mit Gott darüber. Ich tue es einfach. Und dann schlafe ich nachts gut."

Als ein liebendes Paar, das auf eine für immer während Beziehung aus ist, sollten Sie, was das Vergeben angeht, immer „in Form" bleiben: Sie werden in kleinen Dingen reichlich Gelegenheit zum Üben haben. Beten wir, daß Sie nie durch größere Dinge auf die Probe gestellt werden. Aber sollte es doch so kommen, so können Sie nach dem biblischen Beispiel, das wir hier aufgezeigt haben, Vergebung üben. Orientieren Sie sich an Gottes Vorbild, mit der Situation umzugehen, und er wird dafür sorgen, daß auch das Kapitel „Vergessen" für Sie möglich wird.

WIE WIR VERGESSEN KÖNNEN

Im folgenden möchten wir aufzeigen, wie die Vergebung ihren Platz in Ihrer Liebesbeziehung einnehmen, die Irritationen glätten und die Verletzungen heilen kann, zu denen es selbst zwischen Menschen kommt, die sich sehr lieben. So kann Ihr Gefühl des Eins-Seins wiederhergestellt werden.

1. Machen Sie sich die Vergebung zur Gewohnheit, und führen Sie nicht Buch darüber.

2. Gleichen Sie Ihre Rechnungen schnell aus. Das beste ist, Sie vergeben einander, noch bevor Sie zu Bett gehen. Manche Paare haben sich vorgenommen, sich zu küssen und „Ich liebe dich" zu sagen, bevor sie abends schlafen gehen. Wenn sie das nicht können, arbeiten sie an dem Konflikt, bis er gelöst ist. Dann gehen sie schlafen. Wir möchten Ihnen nahelegen, Ihrem Partner nie, auch nicht für eine einzige Nacht, Ihre Liebe und Barmherzigkeit vorzuenthalten.

3. Denken Sie daran, daß Vergebung immer den Gedanken der Wiederherstellung und eines Neubeginns beinhaltet. Bewahren Sie sich dieses Gefühl der Erneuerung in Ihrer Beziehung. Dann werden Sie, wie ein Dichter schrieb, „des Morgens mit geflügeltem Herzen erwachen und Dank sagen für einen neuen Tag der Liebe".

Wenn wir es uns zur Gewohnheit machen, schnell und erwartungsvoll zu vergeben, können wir uns darauf freuen, daß Gottes Gnade unaufhörlich in unsere Beziehung Ehe einfließen wird – „jeden Morgen neu".

IHRE VERSORGUNGSLEITUNG IN DER EHE: KOMMUNIKATION

Kommunikation ist eine der außergewöhnlichen Freuden der Ehe, sofern sie funktioniert. *Nichts,* nicht einmal die sexuelle Erfüllung, wird soviel bereichernde Nähe in Ihre Beziehung hineinbringen.

Aber sie ist mehr als nur ein Luxus. Wir können sie die *Versorgungsleitung* einer von Liebe erfüllten Ehe nennen – den Kanal, durch den dringend benötigte Versorgungsgüter von Mann zu Frau und von Frau zu Mann transportiert werden.

DIE LEBENSWICHTIGEN VERSORGUNGSGÜTER

Wenn Sie in Ihrer Ehe eine gute Kommunikation haben, werden durch diese Versorgungsleitung folgende Güter hin- und hertransportiert werden:

▷ Das Wissen voneinander und Verständnis füreinander, das Sie brauchen, um sich innerlich wirklich nahe zu sein;
▷ der Austausch von Informationen und Gedanken, den Sie brauchen, um als „Team" gut zusammenzuarbeiten;
▷ die Fähigkeit, Ihre Meinungsverschiedenheiten zu verarbeiten und Konflikte zu lösen;

▷ das fortwährende Sich-nahe-Sein, um gemeinsam in dieselbe Richtung zu wachsen, und die gegenseitige Unterstützung in schwierigen Zeiten.

Es ist offensichtlich, daß Paare, die ohne diese Versorgungsgüter arbeiten, auf große Probleme stoßen werden. In den gestörten Ehen, die wir beraten, sind die Kommunikationsleitungen fast immer verstopft oder abgeschnitten. Untersuchungen weisen darauf hin, daß neunzig Prozent aller Eheberatungen in dem Versuch bestehen, die Kommunikation wiederherzustellen bzw. dem Paar Hilfestellung dabei zu geben, zum ersten Mall effektiv miteinander zu kommunizieren.

Wenn Sie am Anfang Ihrer Beziehung miteinander ausgehen und von sanfter Beleuchtung und Romantik eingelullt sind, ist es leicht, sich einzubilden, daß Sie gut miteinander kommunizieren, aber das Flutlicht des Ehealltags wird Fehler und Problempunkte in Ihrem Kommunikationssystem schnell zutage fördern. Dr. med. Domeena C. Renshaw, Expertin auf diesem Gebiet, erläutert: „Bald nach der Hochzeit, wenn sich die Alltagsroutine einzustellen beginnt, wird weniger geredet, dafür aber um so mehr (häufig falsch) stillschweigend vermutet, was der andere denkt oder möchte."[1]

Weniger Gespräche, dafür mehr falsche Vermutungen übereinander – wenn dagegen nichts unternommen wird, führt das letzten Endes zu einer der folgenden häufigen Klagen: „Wir reden nicht miteinander" oder gar „Wir *können* nicht miteinander reden", was noch schlimmer ist, weil es als Scheitern der Ehe wahrgenommen wird. Ja, „keine Kommunikation" ist zu einem Schlagwort der achtziger Jahre geworden, das die „seelische Grausamkeit" und die „Unvereinbarkeit" als die Gründe verdrängt hat, mit denen Paare bisher am häufigsten begründet hatten, warum sie ihre Ehe beenden wollen.

Warum Ehen scheitern

In einer Untersuchung von 1982, in der vierhundert Psychiater gefragt wurden, warum Ehen scheitern, wurde die gestörte Kommunikation als die häufigste Ursache genannt.[2] Und die Paare selbst betrachten eine gestörte Kommunikation als den Beweis, daß „alles verloren" sei. Dr. Renshaw warnt:

„Sobald ein Paar übereinstimmend sagt: ‚Wir kommunizieren nicht', geben die Partner häufig auf, ziehen sich emotional zurück und kommen zu dem gemeinsamen Ergebnis, daß nichts mehr zu machen sei."[3]

Forscher berichten, daß die meisten Ehemänner ihre eheliche Unzufriedenheit durch Zorn und *Sich-Zurückziehen* ausdrücken, die meisten Ehefrauen dagegen durch Depressionen und *Sich-Zurückziehen*. In allen Fällen ist der Rückzug ins Schweigen *verheerend* und sollte als „Rotalarm" für die Ehe betrachtet werden.

„Der dringendste Hinweis auf einen Notzustand in einer Ehe ist vermutlich nicht das Getöse der Auseinandersetzung, sondern der ominöse Klang des Schweigens, das Fehlen jeglicher Kommunikation."[4]

Es ist nicht alles verloren

Doch so weit muß es nicht kommen. Kommunikationsprobleme lassen sich bewältigen, denn Kommunikation beinhaltet Fähigkeiten, die man erlernen und einüben kann. Als Vorbereitung auf Ihre ersten Ehejahre möchten wir Sie im voraus auf die Kommunikationsprobleme hinweisen, die in Ehen oft entstehen. Wir möchten Ihnen die Fähigkeiten aufzeigen, die Paare entwickeln müssen, um diese Probleme zu überwinden.

An dieser Stelle wäre es vielleicht günstig, wenn Sie einmal innehalten und das Kommunikationssystem überdenken, das Sie im Augenblick benutzen. Haben Sie und Ihr Partner die Freiheit, einander spontan alles mitzuteilen? Sind Sie in der Lage, sich einander anzuvertrauen wie sehr gute Freunde? Oder gibt es dabei Schwierigkeiten? Hören Sie, was Ihre Partnerin *wirklich* sagt? Verstehen Sie, was Ihr Partner *wirklich* fühlt? Teilen Sie Ihre Ideen, Gedanken und Gefühle mit? Oder reden Sie nur über praktische Notwendigkeiten? Ist Ihre Kommunikation über praktische Dinge so klar, daß alles glatt geht? Wenn Sie bei der Kommunikation auf ein Hindernis stoßen, versuchen Sie es so lange weiter, bis die Barriere überwunden ist und das gegenseitige Verständnis wieder ungehindert fließen kann? Oder geben Sie gleich auf, werden wütend, schreien oder ziehen sich ins Schweigen zurück? Wenn Sie sich zurückgewiesen fühlen, nehmen Sie dann Rache, indem Sie auch Ihren Partner zurückweisen?

ÜBERPRÜFEN SIE DAS SYSTEM

Wie können Sie sichergehen, daß Ihr Kommunikationssystem so funktioniert, wie es sollte? Judson Swihart, der die Kommunikation in der Ehe ebenfalls mit einer Versorgungsleitung vergleicht, nennt fünf Kennzeichen eines gut funktionierenden Systems:[5]

1. *Das Gefühl von Freiheit, sich mitteilen zu können;*
2. *das Gefühl, verstanden zu werden;*
3. *das Fehlen von Debatten, an deren Ende ein Gewinner und ein Verlierer steht;*
4. *reduzierte Spannung;*
5. *das Gefühl, in der Beziehung sicher und geborgen zu sein.*

Ein System dagegen, das „verstopft" bzw. ernsthaft beschädigt ist, wird die folgenden beiden Kennzeichen zeigen:[6]

1. *Einer oder beide Partner unterstellen dem anderen wiederholt negative Absichten.*
2. *Die Distanz nimmt zu, und das Schweigen breitet sich immer mehr aus.*

Die meisten Leute freilich stehen irgendwo dazwischen. Ihr System ist teilweise beeinträchtigt und zeigt einige der oben genannten fünf positiven Kennzeichen, aber nicht alle. Im folgenden beschreiben wir, wie Sie alle fünf in Ihr System einbauen können.

Wie Sie Ihr „Versorgungssystem" auf Vordermann bringen können

> **1. Sie werden Freiheit erlangen, sich mitzuteilen, wenn Sie beide einander so akzeptieren, wie Sie sind.**

Gegenseitige Annahme ist der Schlüssel zu einer guten Kommunikation, denn Annahme (oder auch Ablehnung) ist eine der stärksten Botschaften, die ein Mensch senden oder empfangen kann. Wir haben ein ungemein starkes Bedürfnis nach bedingungsloser Annahme durch den Menschen, der uns am nächsten steht. Kritische Kommentare und Einstellungen werden in uns die Angst erzeugen, verurteilt zu werden, wenn wir uns mitteilen. Eine Ehefrau schrieb uns: „Wie kann ich mit meinem Mann kommunizieren, wenn er über alles, was ich sage, ein Werturteil fällt? Wenn er zu dem Schluß kommt, daß es seine Aufmerksamkeit nicht wert ist, hört er einfach nicht mehr zu oder sagt mir: ,Das ist nicht wichtig genug, um darüber zu reden.' Was er damit eigentlich sagt, ist, daß *ich* seine Zeit und Aufmerksamkeit nicht wert bin."

Eine kritische Einstellung erzeugt in uns auch den Wunsch, „vertrauliche Gespräche" zu meiden. Ein Ehemann sagte uns: „Ein vertrauliches Gespräch bedeutet, daß ich erklären muß, warum ich ihren Staubsauger nicht repariert habe oder warum ich offenbar ihre Mutter nicht mag. Meine Frau genießt es regelrecht, Dinge auf den Tisch zu bringen, denn sobald sie einmal da liegen, muß ich mich normalerweise dafür entschuldigen."

Ersetzen Sie eine solche verurteilende oder auf jeden Fehler lauernde Einstellung durch eine *positive Reaktion* und eine *konsequent annehmende Haltung.* Sie werden so eine ideale Atmosphäre für den liebevollen Austausch von Gedanken und Gefühlen schaffen. Das kann zu einer Vertiefung Ihrer Liebesbeziehung führen. Ein junger Ehemann, der zugab, ungeduldig und zu kritisch gewesen zu sein, erzählte uns: „Ich bin sensibel für Katies Reaktion geworden, wenn ich sie kritisiere oder auch nur Ungeduld zeige. Es scheint im Wesen der Liebe zu liegen, die Gott mir für sie gegeben hat, daß es mir jetzt weh tut, wenn ich sehe, daß sie verletzt ist, so daß ich einfach einen Rückzieher machen muß." Er ist dabei, das Geheimnis zu lernen: *Gute Kommunikation beginnt mit der Annahme.*

---

2. Sie werden sich verstanden fühlen, wenn Sie beide lernen, mit Ohren und Herzen aufeinander zu hören.

Das *Zuhören* ist ein wichtiger, aber oft beschädigter Bestandteil des ehelichen Kommunikationssystems. Ein Experte für zwischenmenschliche Kommunikation schreibt folgendes:

„Obwohl Ehepaare über vierzig Prozent ihrer Kommunikationszeit mit dem Zuhören verbringen, ist diese Fähigkeit in den meisten Familien unterentwickelt. Untersuchungen weisen darauf hin, daß wir mit ungefähr fünfundzwanzig Prozent Effizienz zuhören und daß die meisten Mißverständnisse auf schlechtes Zuhören zurückzuführen sind."[7]

Acht Möglichkeiten, Ihre Fähigkeit im Zuhören zu entwickeln:

1. „Halbe Aufmerksamkeit" ist nicht genug

Machen Sie es sich zur Übung, einander Ihre *volle* Aufmerksamkeit zu schenken, wenn Sie sich unterhalten. Wenn Sie nur halb zuhören, werden Sie auch nur die Hälfte verstehen. Das ist nicht genug. Versuchen Sie, nicht nur mit den *Ohren,* sondern auch mit dem *Herzen* zu hören, was der andere wirklich sagt und empfindet. Denken Sie daran: „Das Herz des Menschen enthält mehr als seine Sprache."[8]

2. Unterbrechen Sie nicht

Unterbrechen Sie sich nicht gegenseitig! Das kann schrecklich frustrierend sein für jemanden, der seine Gedanken und Gefühle in Worte zu fassen versucht. Ziehen Sie keine voreiligen Schlüsse darüber, was Ihr Partner zu sagen versucht. Hören Sie ihn bis zu Ende an, und antworten Sie erst dann.

3. Wiederholen als Zeichen des Zuhörens

Zeigen Sie Ihrem Partner, daß Sie ihm zugehört haben, indem Sie seine Gedanken und Gefühle wiederholen, so daß er sicher sein kann, daß Sie ihn richtig verstanden haben.

4. Antworten Sie mit Ihren Augen

Zum richtigen Zuhören gehört die Konzentration, die von Augenkontakt begleitet ist. Wenn Ihr Partner Ihnen von seinen Gedanken und Gefühlen erzählt, unterbrechen Sie das, was Sie gerade tun, und reagieren Sie mit Ihren Augen. Halten Sie inne und machen Sie sich verfügbar, wenn Sie spüren, daß Ihr Partner mit Ihnen reden möchte.

5. Warten Sie nicht bis zur Werbung

Geben Sie einander Zeit für konzentrierte Aufmerksamkeit bei abgeschaltetem Fernseher. Wenn die Kommunikation sich zwischen andere Aktivitäten oder gar in die Werbepausen zwischen zwei Sendungen quetschen muß, wird sie unbefriedigend sein. Schlimmer noch ist der Versuch, über etwas zu reden, während der Fernseher weiterplärrt und einer der Partner mit einem Auge versucht, seine Lieblingssendung nicht zu versäumen. Also schalten Sie den Fernseher ab, stecken Sie die Videofilme weg, machen Sie Radio und Stereoanlage aus. Schließen Sie die Tür, versorgen Sie Ihre Kinder (falls Sie welche haben) mit etwas zum Spielen, und ziehen Sie den Telefonstecker heraus. Hören Sie nie mit geteilter Aufmerksamkeit zu. Das Kommunikationssystem in Ihrer Ehe benötigt Ihre beste Konzentration.

6. Ein negatives Feedback, es sei denn …

Denken Sie daran, daß Ihr Schweigen ein negatives Feedback vermitteln kann, es sei denn, Sie begleiten es mit einem nonverbalen Signal der Zustimmung, etwa einem Lächeln, einem Händedruck oder einem liebevollen Augenkontakt.

7. Wenn ein Durchbruch geschieht

Wenn es zu einem Durchbruch kommt, überfordern Sie Ihren Partner niemals, indem Sie mehr verlangen, als er oder sie zu geben bereit ist. Zeigen Sie nur Ihre Wertschätzung und Dankbarkeit für das, was der andere Ihnen mitgeteilt hat. (Es versteht sich von selbst, daß Sie niemals weitererzählen dürfen, was Ihr Partner Ihnen im Vertrauen gesagt hat.)

8. Eine Botschaft der Liebe

Denken Sie daran: Wenn Sie Ihrem Partner zuhören, zeigen Sie ihm dadurch Ihre Liebe. Sie übermitteln Ihrem Partner die Botschaft: „Was du mir zu sagen hast, ist mir wichtig, weil du mir wichtig bist."

3. Sie werden die Gewinner-Verlierer-Diskussionen in Ihrer Ehe hinter sich lassen, indem Sie sich klarmachen, wodurch sie verursacht werden und wie Sie sie durch echte Kommunikation ersetzen können, um Ihre Meinungsverschiedenheiten und Konflikte zu lösen.

Warum führen Meinungsverschiedenheiten zwischen Eheleuten so oft zum Streit und zum Zusammenbruch der Kommunikation? Normalerweise handelt es sich ja schließlich nicht um Differenzen, bei denen es um Leben oder Tod geht. Es geht oft nicht einmal um richtig oder falsch – sondern lediglich um unterschiedliche Sichtweisen oder Auffassungen. In solchen Situationen wird die Kommunikationsfähigkeit des Paares auf die Probe gestellt. Es gibt mehrere Möglichkeiten, wie ein solches Gespräch in die falsche Richtung laufen kann.

Sechs Möglichkeiten, wie eine Diskussion falsch laufen kann:

1. Ein Krieg, den es zu gewinnen gilt

Die Meinungsverschiedenheit wird zu einem Krieg, den es zu gewinnen gilt – zu einem Machtkampf. Doch die Wahrheit ist, daß bei einem Streit niemand „gewinnen" kann. Ihr Ziel sollte es sein, zu gewinnen, indem Sie zu einer Einigung oder Verständigung kommen, ohne daß dabei die guten Gefühle füreinander über Bord gehen.

2. Persönliche Zurückweisung

Die Meinungsverschiedenheit wird als persönliche Zurückweisung aufgefaßt. Leider verwechseln viele Menschen die Ablehnung ihrer Gedanken mit einer persönlichen Ablehnung. Sie können in Ihrer Ehe davon profitieren, daß Sie Ihre unterschiedlichen Sichtweisen sachlich zusammentragen und darüber diskutieren, eine Lösung finden und gleichzeitig eine tiefere Wertschätzung füreinander gewinnen.

3. Der Griff nach unerlaubten Waffen

Viele Menschen wechseln gern das Thema und ziehen andere Fragen heran, um sie als Waffen gegen ihre Partner einzusetzen, anstatt die Diskussion auf die ursprüngliche Meinungsverschiedenheit zu beschränken. Sobald sich einer der Partner angegriffen fühlt und sich zu verteidigen beginnt, sind die Kommunikation und die liebevolle Vertrautheit schon auf dem Weg zur Tür hinaus. Wenn Sie das vermeiden und mit Ihrer Diskussion zu einem Ergebnis kommen wollen, dann werden Sie sich im vorhinein darüber einig, nur über die Angelegenheit zu diskutieren, um die es im Augenblick geht. Und unterstellen Sie Ihre Zunge dem Gesetz der Freundlichkeit. Die Bibel sagt, daß Worte durchbohren können wie Schwerter, doch die weise gehütete Zunge bringt Heil und Wohlergehen.

4. Grobe Verallgemeinerungen

Wenn Menschen frustriert sind über ihre Unfähigkeit, ihren Standpunkt klarzumachen, greifen sie oft auf grobe Verallgemeinerungen zurück, gekennzeichnet durch Formulierungen wie „Du tust *immer* dies" oder „Du tust *niemals* jenes". Das sind „Streitwörter", und es gibt so gut wie keine angemessene Antwort darauf. So kommt man in Versuchung, die gleiche Taktik anzuwenden und zu antworten: „Das ist nicht wahr! *Du* tust immer dies" oder „*Du* tust niemals jenes!"

5. Herumschreien

Eine Ehefrau schrieb uns: „Ich wünschte, mein Mann könnte über irgend etwas diskutieren, ohne zu schreien. Er scheint zu denken, lautes und schnelles Reden sei die einzige Möglichkeit der Kommunikation." Ein solches Verhalten ist unangemessen und kindisch und bringt keinen Nutzen ein.

6. Ja, aber ...

Oft greifen Leute zu diesem unfehlbaren Kommunikations-
stopper: „Ja, *aber* ..." Damit eskaliert der Streit nur. Wenn
wir uns erst einmal klarmachen, wie durch und durch ärger-
lich und entmutigend diese Reaktion ist, können wir uns
entscheiden, andere Möglichkeiten der Reaktion einzu-
üben, wenn wir unterschiedlicher Meinung sind. Wie? Ganz
einfach: Weigern Sie sich, diese beiden Wörter je wieder in
Kombination zu verwenden. Lernen Sie, Ihren Standpunkt
anders zu vertreten, etwa, indem Sie zunächst eine positive
Antwort geben wie: „Das ist eine interessante Art, die Sache zu betrachten. So habe ich es noch gar nicht gesehen".
Dann können Sie Ihren Standpunkt z.B. in Form einer
Frage einbringen: „Glaubst du, daß ....?"

Mit anderen Worten: Präsentieren Sie Ihre ursprüngliche
Reaktion im Rahmen einer maß- und respektvollen Antwort
auf den Gedanken des anderen, indem Sie ihn *ernstnehmen.*
Dann stellen Sie taktvoll Ihre Frage in der Weise, daß sie nicht
als Angriff oder Herabsetzung verstanden wird. Wenn Ihre
Diskussion ohne ein „Aber" beginnt, wird Ihr Partner eher
bereit sein, noch einmal über die Sache nachzudenken, weil
Sie seinen Standpunkt zunächst einmal anerkannt haben.

All diese infantilen Versuche, bei Meinungsverschiedenheiten zu „gewinnen", können abgelegt werden, wenn der
echte Wunsch besteht, Kommunikation zu lernen. Leicht
erregbare Menschen können lernen, langsamer und ruhiger
zu sprechen, beim Sprechen tief zu atmen und sich Zeit zum
Zuhören zu nehmen.

Leute, die zum Schmollen neigen und den „großen
Frost" verbreiten, um ihr Mißfallen kundzutun, können lernen, daß eine offene, ehrliche Diskussion sich lohnt.

Und vor allem können Ehepartner lernen, den Frieden,
die innere Ruhe zu schätzen, die sich einstellen, wenn sie
einander das Recht zugestehen, unterschiedlicher Ansicht
zu sein und diese Ansicht in einer gelassenen Diskussion
zum Ausdruck zu bringen.

Wenn es zu einer Meinungsverschiedenheit kommt, ist es wichtig, ihr explosives Potential zu entschärfen, indem Sie so wenig wie möglich davon abhängig machen. Wenn sich Ihre Einstellung so verändert, daß es nicht mehr um Gewinnen oder Verlieren geht, sondern Sie sagen können: „Laß uns darüber reden, aber das soll keine Auswirkungen auf unsere Liebe zueinander oder unseren gegenseitigen Respekt haben", dann haben Sie die wirkliche Schlacht gewonnen. Im folgenden finden Sie einige Prinzipien, die Sie dabei beachten sollten.

Einige Möglichkeiten, Streit durch Kommunikation zu ersetzen:

Antworten statt Reagieren

Unterbrechen Sie nicht. Hören Sie aufmerksam zu, bevor Sie antworten. Reagieren Sie nicht – antworten Sie. Konzentrieren Sie die Diskussion strikt auf das jeweilige Thema. Schon bevor es überhaupt zu einer Meinungsverschiedenheit kommt, müssen Sie sich darüber einig sein, jegliche Diskussion auf die Gegenwart und auf die eine aktuelle Frage zu beschränken und Vergangenheit und Nebenthemen beiseite zu lassen.

Meinungsverschiedenheit statt Mißbilligung

Geben Sie zu erkennen, daß Sie verstehen, was Ihr Partner sagen will, auch wenn Sie anderer Meinung sind. Zeigen Sie ihm oder ihr Ihren Respekt. Lassen Sie Ihre Meinungsverschiedenheit in dieser Frage nicht wie eine *Mißbilligung* Ihres Partners klingen.

Das Geschenk der Einfühlsamkeit

Machen Sie es sich zum Anliegen, Ihre Gefühle mitzuteilen, aber nicht so, daß sich Ihr Partner kritisiert fühlt. Ermutigen Sie Ihren Partner, seine Gefühle mitzuteilen, und antworten Sie liebevoll darauf. Schenken Sie ihm oder ihr Ihre Sympathie und Einfühlsamkeit. Sie können beide ler-

nen gegenseitig das zu geben, wonach Sie sich beide sehnen.

Machen Sie Ihren Standpunkt deutlich

Machen Sie genau deutlich, was Sie sagen wollen, damit es
nicht zu Mißverständnissen kommen kann. Tun Sie das ab-
wechselnd, ohne den anderen zu unterbrechen.

Sagen Sie die Wahrheit in Liebe

Sagen Sie die Wahrheit in Liebe. Paulus fordert uns im
Neuen Testament (Eph. 4,15) dazu auf, uns in Liebe an die
Wahrheit zu halten, sowohl in unserem Reden als auch in
unserem Verhalten. Sagen Sie also die Wahrheit, aber tun
Sie es behutsam und freundlich.

Sagen Sie „Ich brauche dich"

Seien Sie bereit, Ihrem Partner Ihre verletzliche, bedürftige
Seite zu zeigen. Haben Sie keine Angst davor, „Ich brauche
dich" zu sagen. Manchmal wollen wir unsere Gefühle ver-
stecken, um uns zu schützen. Wenn Sie jedoch beginnen,
miteinander zu kommunizieren, werden Sie bald lernen,
daß Ehrlichkeit sich lohnt, selbst wenn es um die eigenen
Schwächen geht. Echte Kommunikation bedeutet, daß Sie
sich offenbaren, selbst auf die Gefahr hin, abgelehnt zu werden. Wenn beide Partner bereit sind, das zu tun, dann sind
Sie auf dem besten Weg, in Ihrer Ehe liebevolle Nähe zu verwirklichen.

Überraschen und Entwaffnen

Hören Sie auf, sich zu verteidigen, wenn es um etwas Per-
sönliches geht. Überraschen und entwaffnen Sie Ihren Partner, indem Sie zustimmen, daß es Unrecht auf Ihrer Seite
gibt, denn das ist immer der Fall (auch wenn Sie es nicht
gerne zugeben). Werden Sie konkret. „Ich war im Unrecht"
kann einen Streit beenden und gleichzeitig Ihrem Partner
zeigen, wie man einen Fehler zugibt.

Wenden Sie in Ihrer Kommunikation das B-E-S-T-Prinzip an. Wenn Sie miteinander reden, *berühren* Sie sich liebevoll; *erbauen* Sie Ihren Partner durch das, was Sie sagen, und durch Ihr Interesse an dem, was Ihr Partner zu sagen hat; *segnen* Sie einander mit Ihren Worten, und *teilen* Sie offen und ehrlich Ihre Gedanken und Gefühle miteinander. *Berühren, Erbauen, Segnen und Teilen* – geben Sie Ihr BESTes für Ihren Partner.

---

4. Sie können Spannungen reduzieren, indem Sie die Kommunikationspraktiken erkennen, die Frustrationen verursachen, und sie korrigieren. Sie können lernen, auf biblische Art zu streiten – auf eine Weise, die Zorn, Ressentiments und verletzte Gefühle konstruktiv verarbeitet.

Die Fehler erkennen

Etliche der Kommunikationspraktiken, die zu Frustrationen führen, haben wir bereits erwähnt. Hier sind fünf „Todsünden" der Kommunikation, die jede Beziehung vergiften können.

▷ Schotten dicht: Nicht zuhören.
▷ Das große Schweigen: Nicht reden.
▷ Sticheln: Die Worte des anderen gegen ihn verwenden.
▷ Schimpfen: Dem anderen die Schuld in die Schuhe schieben.
▷ Seichtes Wasser: Nur oberflächliche Unterhaltungen.

Wenn Schweigen eine Sünde gegen die Liebe ist

All diese Sünden sind Sünden gegen die Liebe, aber eine von ihnen müssen wir uns näher anschauen. Das „große

Schweigen" als Bestrafungsmaßnahme kann die verheerendste von allen sein. Es gibt uns das Gefühl, ungeliebt, ja verachtet zu sein, und es ruft alte Kindheitsängste wach, verlassen und hilflos zurückzubleiben. Von dem Menschen, den wir lieben, totgeschwiegen zu werden, durchtrennt die Vertrauensbindung, die für eine liebevolle Beziehung so notwendig ist. Kurzum, Schweigen ist eines der destruktivsten Dinge, die ein Mensch seiner Ehe zufügen kann.

„Schweigen dient oft als Waffe im Machtkampf. Der Schweigende fühlt sich mächtig, weil er sowohl die Gefühle als auch das Verhalten des anderen manipulieren kann. Das ist ein beliebter Zug in dem Spiel: „Etwas stimmt nicht, aber was es ist, werde ich dir NIEMALS sagen." Manchmal kommt es zu einem erbitterten Wettkampf, bei dem es darum geht, wer wen am meisten verletzen kann. Wenn es bei diesem Wettkampf darum geht, wer am kältesten und unkommunikativsten sein kann, wird das Durchbrechen des Schweigens natürlich als ein Zeichen von Schwäche gewertet …
Schweigen kann ein passiv-aggressives Verhalten sein, also eine indirekte, verschleierte und getarnte Feindseligkeit. Diese Feindseligkeit kommt nie offen auf den Tisch und kann sich dadurch oft selbst verstärken und größer werden. Da das Schweigen verhindert, daß die Feindseligkeit offen erkannt und verarbeitet wird, ist oft Entfremdung die Folge, und dieses ist weitaus schlimmer als ein Streit."[9]

Botschaften, die wir überhören

Entfremdung erzeugt immer weitere Entfremdung. Je mehr Distanz Sie zu Ihrem Partner halten, desto wahrscheinlicher ist es, daß die zwischen Ihnen übermittelten Botschaften untergehen oder verzerrt aufgenommen werden. Wenn man die empfindliche und komplexe Natur der mannigfachen Botschaften bedenkt, die täglich zwischen Mann und Frau gesendet und empfangen werden, und bei denen Worte nur sieben Prozent des übermittelten Inhalts transportieren (der Rest kommt durch den Tonfall, die Körpersprache und weitere, noch subtilere Faktoren), ist es da ein Wunder, daß mißverstandene Botschaften einer bereits angeknacksten Beziehung schweren Schaden zufügen können?

Die Fünf-Sekunden-Pause

Nehmen Sie folgendes Beispiel: Eine Frau fragt ihren Mann: „Liebst du mich wirklich?" Der Ehemann wartet fünf Sekunden und antwortet dann: „Aber natürlich tue ich das." Jede Frau weiß, was der wirklich entscheidende Teil dieser Botschaft ist: die Fünf-Sekunden-Pause. Durch sie, die ja ein Warten und Zögern bedeutet, wird die Antwort des Mannes zweideutig und unbefriedigend, statt Geborgenheit zu vermitteln. Sie erscheint nicht mehr als wahr.

Das Schweigen einer geschlossenen Tür

Eine andere Form verletzenden Schweigens besteht darin, daß einer der Partner nicht mehr als nur ein seichtes Schwätzchen möchte. Das ist das Schweigen einer geschlossenen Tür. Wenn ein Partner durch ein solches „Schweigen" dem anderen den Zutritt zu seinem Herzen verwehrt, wird die Beziehung leer und scheinbar leblos. Die Tür zum Wesentlichen bleibt zu.

> „Wer in der Ehe über seine tiefsten Gefühle schweigt, schafft dadurch oft einen toten Raum, in dem es nichts mehr zu kommunizieren gibt."[10]

Um diesem Problem entgegenzutreten, sind liebevolle Beharrlichkeit, Geduld und Gebet notwendig. Bedingungslose Liebe hat die Macht, Türen zu öffnen. Der Lohn für beide Partner liegt darin, daß ihre Liebe wachsen und sich vertiefen wird, wenn sie sich ohne selbstaufgerichtete Barrieren bis ins Innerste hineinschauen lassen.

Auch die folgenden frustrierenden Kommunikationspraktiken sind häufig anzutreffen:

1. *Sie tun so, als ob Sie kommunizieren, während Sie in Wirklichkeit nur Ihren Partner angreifen.*
2. *Sie wissen nicht, wie Sie Ihre Gefühle ausdrücken können,
   ohne einander herabzusetzen.*
3. *Sie äußern Ihre Ansichten, als seien sie die absolute Wahrheit.*

(Ein altes Sprichwort besagt: Wer zu sehr auf seiner eigenen
Meinung beharrt, wird wenig Zustimmung finden.)

4. *Sie hören die Botschaft Ihres Partners nicht, weil Sie zu
   sehr damit beschäftigt sind, was Sie als nächstes sagen wollen.*

Sie können sich als allgemeine Regel einprägen, daß Sie nie
in der Lage sein werden, Ihre Botschaften erfolgreich zu
senden, solange Sie nicht auch Ihre Aufmerksamkeit darauf
richten, sie zu empfangen.

5. *Sie täuschen Aufmerksamkeit vor, ohne richtig zuzuhören.*

Das ist eine gefährliche Sache. Mit glasigem Blick Aufmerksamkeit vorzutäuschen, während Sie an etwas anderes denken – das wird Sie ins Straucheln bringen, und Ihr Partner
wird verständlicherweise beleidigt sein. Wissenschaftler sagen, daß gutes Zuhören von einem leichten Anstieg der
Körpertemperatur, einem schnelleren Puls und einer be-
schleunigten Blutzirkulation begleitet ist. Mit anderen Worten: Zuhören ist keineswegs etwas Passives! Sie sollten den
Augenkontakt suchen, nachdenkend zuhören und sich
nicht nur auf die Worte konzentrieren, sondern auch das
nonverbale Reden Ihres Partners beobachten. All dies trägt
zur Bedeutung der Botschaft bei.

6. *Sie beide kommunizieren und verfolgen dabei unterschiedliche Ziele.*

Wenn zum Beispiel eine Frau sich gegenüber ihrem Mann
über ein Problem ausläßt, sucht sie vielleicht gar nicht nach
einer sofortigen Lösung. Ihr Mann, der sich als der gebo-

rene Problemlöser betrachtet, nennt ihr eine Möglichkeit, schnell mit ihrem Problem fertigzuwerden und ist dann frustriert, wenn sie seine brillante Lösung nicht richtig zu schätzen weiß.

Auch sie ist frustriert, weil sie eigentlich nur mit ihm darüber reden und seine Unterstützung und sein Verständnis spüren wollte. Doch er sagt: „Okay, wenn du meine Hilfe nicht willst und meinen Rat nicht annehmen willst, dann komm doch gar nicht erst damit zu mir." So sind beide enttäuscht. Sie möchte, daß er ihr zuhört und mit ihr fühlt. Er möchte für seine Kompetenz und sein Denkvermögen respektiert werden. Doch keiner von beiden bekommt, was er will!

Darum ist es gut, den *ursprünglichen Zweck des Gesprächs* zu kennen. Der Angesprochene sollte einfühlsam für die Bedürfnisse und Ziele sein, die der andere bei diesem Gespräch verfolgt. Wenn nötig, fragen Sie taktvoll nach. Körpersprache, Tonfall und Gesichtsausdruck werden Ihnen eine Menge verraten.

Im Normalfall wird die Ehefrau stärker beziehungsorientiert und der Ehemann mehr datenorientiert sein. Ihm fällt gar nicht auf, wie kurz angebunden sie klingt, wenn er sie fragt, wo der Steuerordner ist. Er will es einfach nur wissen, um die Sache zu erledigen. Ihr geht es mehr darum, Gemeinschaft mit dem Mann zu haben, den sie liebt, und sie fühlt sich überrascht und verletzt durch seinen kurz angebundenen geschäftsmäßigen Tonfall in seiner Stimme. Die Folge kann eine „kleine Krise" sein, die eine gründliche Aussprache (zumindest für diesen Abend) dringender werden läßt als die Steuererklärung.

Dies ist ein Beispiel für einen der oft frustrierendsten Bereiche der Kommunikation in der Ehe: die Unterschiede zwischen Mann und Frau.

7. *Mann und Frau kommunizieren unterschiedlich, und das kann zu Mißverständnissen und Ärger führen.*

Auf einem großen, landesweiten Seminar zum Thema Kommunikation deutete der Referent an, daß die Männer, wenn es um die verbale Kommunikation geht, den Frauen weit unterlegen sind. Frauen reden besser. Sie lernen meist früher sprechen und sind geschickter im Umgang mit der Sprache.

Außerdem seien Männer in ihrem Denken linearer und gingen von a über b zu c, während eine Frau ein Thema von neun Seiten her einkreisen könne. Und ihr gehe es normalerweise stärker um personenbezogene Fragen.

Der Referent berichtete, er habe sozusagen aus erster Hand, nämlich an seiner Frau entdeckt, daß Frauen gegenüber ihren Männern dieselbe Information mehrmals wiederholen, weil das notwendig sei, um sich wirklich mitzuteilen. Männer tun im Prinzip das gleiche, fügte er schmunzelnd hinzu, nur tun sie es drei verschiedenen Leuten gegenüber!

Ein bedeutender Unterschied, den man sich merken sollte, ist die Art und Weise, wie Männer und Frauen die Wörter *wollen* und *brauchen* verwenden. Frauen scheuen sich nicht, „Ich brauche" zu sagen, und sie tun es oft. Männer tun das nicht. Ein Bedürfnis auszudrücken, ist vielen Männern unangenehm. Wenn sie überhaupt etwas sagen, dann „Ich will". Ehefrauen müssen daran denken, daß auch Männer Bedürfnisse haben, ob sie nun bereit sind, sie auszudrücken, oder nicht.

8. *Auch kulturelle und individuelle Unterschiede können die Geduld auf die Probe stellen.*

Im Dampfdrucktopf der Ehe kann der kühle Hamburger seiner temperamentvollen Münchnerin zu kalt werden, als daß sie sich mit ihm wohlfühlen könnte. Und das Mädchen, in das er sich verliebte, weil sie so lebhaft und spontan war, kommt ihm statt dessen auf einmal „unruhig und unzuverlässig" vor.

Sogar wenn Sie einen ähnlichen Hintergrund haben, werden Sie überrascht sein, welche Unterschiede sich zeigen und welche Anpassung auf beiden Seiten notwendig ist. Heftige Zusammenstöße zwischen zwei Menschen, die sich lieben, sind unvermeidlich, aber die Bibel zeigt Männern und Frauen einen Weg, mit ihrem Zorn, ihren Ressentiments und ihren verletzten Gefühlen konstruktiv umzugehen.

Streiten auf biblische Art

In seinem Buch *Strike the Original Match* schreibt C. Swindoll: „Paulus nennt sieben Regeln für einen positiven Streit. Diese Regeln werden Ihnen helfen, normale und natürliche Zeiten der Uneinigkeit zu überstehen, ohne gegen die Schrift zu verstoßen." Hier sind Swindolls sieben *Regeln für einen sauberen Streit* nach Epheser 4,25-32:

1. *Streiten Sie ehrlich* (V. 25). Verpflichten Sie sich zur Ehrlichkeit und zum gegenseitigen Respekt.
2. *Streiten Sie kontrolliert* (V. 26). Achten Sie darauf, keine „tödlichen" Waffen zu verwenden.
3. *Streiten Sie zur rechten Zeit* (V. 26-27). Werden Sie sich gemeinsam einig, daß jetzt die richtige Zeit ist, darüber zu reden. Schieben Sie den Streit nicht vor sich her.
4. *Streiten Sie positiv* (V. 28). Wenn Sie Kritik einstecken müssen, bemühen Sie sich sofort um eine positive Lösung.
5. *Streiten Sie taktvoll* (V. 29). Achten Sie auf Ihre Worte und hüten Sie Ihre Zunge.
6. *Streiten Sie unter vier Augen.* Streiten Sie nicht in der Öffentlichkeit mit Ihrem Partner. Wenn Sie in der Öffentlichkeit streiten, verrät das Ihren bösen Willen.
7. *Streiten Sie sauber* (V. 32). Wenn alles vorbei ist, beseitigen Sie gemeinsam den Unrat, und vergeben Sie einander.[11]

Machen Sie sich mit diesen „Regeln" vertraut, und wenden Sie sie in Ihrem neuen gemeinsamen Leben an. Sie sind praktisch und weise, und sie „funktionieren"! Mit ihrer Hilfe können Sie Ihre Konflikte auf eine beherrschte, konstruktive Weise bewältigen, die keinen von Ihnen verletzt und Ihnen sogar hilft, einander mehr zu lieben, nachdem der „Streit" vorüber ist.

5. Sie werden sich in Ihrer Beziehung sicher und geborgen fühlen, wenn Sie einander durch gute Kommunikation kennenlernen und Ihr Leben lang in engem Kontakt zueinander bleiben.

Bedenken Sie die folgende, recht melancholische Aussage, die der Herzog von Wellington am Ende seines Lebens im Jahre 1852 machte:

> „Es ist eine merkwürdige Sache, daß zwei Menschen ein halbes Leben lang zusammen verbringen können und einander doch erst ganz am Ende verstehen."

Muß das so sein? Gewiß nicht. Am Ende dieses Kapitels werden wir von der Geschichte zweier Menschen berichten, die einander die meiste Zeit ihres Lebens über verstanden, weil sie stets miteinander kommunizierten. Ihre Geschichte soll eine Ermutigung für Sie sein, daß auch Sie ein lebenswichtiges Versorgungssystem liebevoller, ungehinderter Kommunikation aufbauen können. Dadurch werden Sie zu

▷ eng vertrauten Liebenden;
▷ besten Freunden, die immer gern zusammen sind;
▷ einem Team, das alles erreichen kann, weil Sie zusammenarbeiten, statt Machtkämpfe auszutragen;
▷ zwei Menschen, die einander als einzigartige Persönlichkeiten verstehen und nicht nur als Erweiterungen der eigenen Person, und die einander so annehmen, wie sie sind;
▷ einem Paar, das in all den Veränderungen eines Lebens im Kontakt zueinander bleibt, das „gemeinsam aufwächst", „gemeinsam alt wird" und „gemeinsam zu Hause" bleibt, was auch immer sich verändern mag;
▷ barmherzigen Partnern, die sich gegenseitig helfen können, sich den schwierigen Zeiten des Lebens zu stellen und sie gemeinsam durchzustehen.

SCHÜTZEN SIE
IHRE VERSORGUNGSLEITUNG

Geborgenheit braucht Schutz. Sie wissen besser als irgend jemand anderes über die empfindlichen Stellen in Ihrer Beziehung Bescheid, die besondere Wachsamkeit verlangen. Achten Sie auf die folgenden Punkte.

SECHS WARNUNGEN FÜR LIEBENDE

1. Achten Sie auf ungewöhnliche Spannungen.

Gefahr droht, wenn bei irgendeinemThema eine unbehagliche Spannung empfunden wird. Nichts kann einer guten Ehe mehr schaden als das Aufrichten unsichtbarer Mauern auf Grund irgendeiner Sache, über die man nicht miteinander reden kann. Die gegenseitige Fürsorge bleibt vielleicht bestehen, aber die Nähe und dasVertrauen schwinden.

Wie bereits erwähnt, nennen Therapeuten den Verlust der effektiven Kommunikation als verbreitetste Ursache für Schwierigkeiten in vormals stabilen Ehen.[12] Wenn irgendein Problem die Verbindung zwischen Ihnen durchschneidet, müssen Sie schnell handeln, um diese Situation zu bereinigen.

2. Verraten Sie niemals Ihren besten Freund.

Hüten Sie sich davor, irgend etwas, das Ihnen in einem vertrauten, ehrlichen Moment anvertraut wurde und ein Stück Verletzlichkeit offenbart hat, alsWaffe gegen Ihren Partner zu richten. Das kann leicht passieren, wenn Sie wütend sind oder sich angegriffen fühlen und zurückschlagen. Es stimmt, was ein Ehemann uns sagte: „Wenn man erst einmal dem Rachedenken verfallen ist, könnte man genausogut versuchen, einen fahrenden Zug aufzuhalten." Erliegen Sie dieserVersuchung nicht. Denken Sie daran: Dies ist die Person, die Sie zum besten Freund haben wollen.

3. Hüten Sie sich vor der Hitze des Augenblicks.

Auch dies ist eine große Gefahr. Wenn es zwischen Ihnen zu einer Konfrontation über etwas so Bedeutendes kommt, daß Sie beide überreizt reagieren (und das wird nicht ausbleiben), sagen Sie vielleicht manche Dinge, die Sie hinterher um jeden Preis wieder zurücknehmen möchten. Aber dann ist es zu spät. Seien Sie so vernünftig, und kühlen Sie erst einmal ab, wenn Sie merken, daß Sie sich diesem Punkt nähern. Gehen Sie für kurze Zeit in getrennte Zimmer und schreiben Sie auf, was Sie fühlen. Erst wenn die Intensität des Augenblicks sich gelegt hat, kommen Sie wieder zusammen. Machen Sie sich bewußt, daß Ihr Partner der Mensch ist, den Sie lieben und den Sie nicht verletzen oder verlieren möchten.

Es lohnt sich, Psalm 141,3 zu Ihrem gemeinsamen Gebet zu machen, bevor Sie miteinander reden: „Herr, behüte meinen Mund und bewahre meine Lippen!"

4. Sehen Sie Ihren Partner niemals ohne Barmherzigkeit an.

Verschließen Sie nicht Ihr Herz vor dem Menschen, den Sie lieben, auch nicht in der Hitze des Augenblicks. Ihren Partner, mit dem Sie *ein Fleisch* sind, anzusehen, ohne Barmherzigkeit zu empfinden, wäre undenkbar. Wenn Sie Ihren Partner in Not sähen und kein Mitgefühl verspürten, wären Sie lieblos.

Einer der wichtigsten Grundsätze, die Sie für Ihre Ehe kennenlernen können, ist folgender: „Daran haben wir die Liebe erkannt, daß er sein Leben für uns gelassen hat; und wir sollen auch das Leben für die Brüder lassen. Wenn aber jemand dieser Welt Güter hat und sieht seinen Bruder darben und schließt sein Herz vor ihm zu, wie bleibt dann die Liebe Gottes in ihm? Meine Kinder, laßt uns nicht lieben mit Worten noch mit der Zunge, sondern mit der Tat und mit der Wahrheit" (1. Joh. 3,16-18).

Erstens sollen wir bereit sein, füreinander unser Leben zu lassen. „Lassen" heißt, etwas herzugeben, das ein Teil von uns ist, zum Beispiel unsere selbstsüchtigen Wünsche. Wir sollen so lieben, wie er uns geliebt hat. Seine Liebe soll durch uns hindurchfließen und andere berühren, besonders aber den Menschen, der uns am nächsten steht, unseren Ehepartner. Wir sollen der Liebe Jesu Christi eine konkrete Form geben und sie durch unser Beispiel sichtbar machen. Diese Art von Liebe zeigt sich in Details, in Verhaltensweisen, Einstellungen, Worten, in unserem Lächeln, aber auch in großen Taten der Selbsthingabe, die wir in der Weise tun, daß sie keinen Anstrich von Märtyrertum aufweisen. Wenn Ihr Partner das Gefühl hat, daß Sie sich für ihn aufopfern, dann stimmt etwas nicht mit der Art und Weise, wie Sie Ihre Liebe zeigen.

Zweitens sollen wir unser Herz nicht vor der Not eines geliebten Menschen verschließen. Wenn wir unseren Partner ohne *splanchna* (Mitleid) ansehen, hat das nichts mit Liebe zu tun. Echtes Mitleid ist eine tiefe emotionale Anteilnahme und eine liebevolle Einfühlsamkeit. Wir müssen *fühlen*. Jesus war von Barmherzigkeit bewegt; er war zerrissen; er weinte; er litt mit. Wir müssen aus unserem Kreisen um uns selbst herauskommen und unsere Solidarität mit unserem Partner bekräftigen. Wir müssen unser Inneres öffnen und tief mit unserem und für unseren Partner empfinden.

In dem preisgekrönten Film *Eine ganz normale Familie* geht es um eine nach außen hin bezaubernde Frau, die nicht bereit ist, in einer Zeit, in der diese es am meisten brauchen, ihr Inneres für ihren Mann und ihren Sohn zu öffnen. Die beiden sehnen sich verzweifelt nach ihrer Barmherzigkeit, nach irgendeinem äußeren Zeichen, daß sie Anteil nimmt, aber sie kann oder will es ihnen nicht geben. Nachdem all seine Bemühungen, zu ihr durchzudringen, gescheitert sind, sagt ihr Mann traurig: „Ich kenne dich nicht. Ich weiß nicht, was für ein Spiel wir die ganze Zeit gespielt haben." Dann fügt er hinzu: „Wir hätten gut miteinander auskommen können, wenn wir nicht soviel Pech in unserem Leben gehabt hätten." Aber „Pech" kommt in jedem Leben vor. Wir alle brauchen Barmherzigkeit von unserem Partner.

Also müssen wir drittens handeln. Wir dürfen nicht nur mit unseren Worten lieben – mit unserer Zunge, die nette Dinge sagt, wenn wir in der Stimmung dazu sind –, sondern in *Tat* und Wahrheit. Das sollte unsere Reaktion sein auf die Barmherzigkeit und das Mitleid, das wir empfinden.

5. Denken Sie an die Macht der Worte.

Bedenken Sie, welche Macht Ihre Worte über das Leben Ihres Partners haben. Manchmal unterschätzen wir die Stärke ihres Einflusses. Emily Dickinson drückt es so aus:

> Ein Wort ist tot,
> wenn es verklingt,
> sagt man.
>
> Ich sag', es fängt
> grad dann zu sein
> erst an.[13]

Unsere Worte haben die Macht, ins innerste Wesen eines anderen Menschen einzudringen. Ihre Auswirkungen scheinen kein Ende zu nehmen. Wer kann sagen, wo ein Wort zu sein aufhört? Derek Kindner erklärt es so:

> *„Eindringen.* Was man Ihnen antut, ist von geringer Bedeutung im Vergleich zu dem, was man *in* Ihnen tut. (…) Die Gefühle oder die Moral können durch einen grausamen oder ungeschickten Schlag durchlöchert (…) oder durch ein Wort zur rechten Zeit belebt werden (…) und der ganze Körper mit ihnen. (…) *Glaubenshaltungen und Überzeugungen* werden durch Worte gebildet, und diese können einen Menschen entweder zerstören oder aufbauen.
> *Verbreiten.* Weil Worte *Gedanken* in den Geist anderer hineinpflanzen, strahlen ihre Auswirkungen ab – wiederum zum Guten oder zum Bösen.“[14]

Unsere Worte können verwunden oder heilen, schwächen oder stärken, deprimieren oder inspirieren, zur Verzweiflung treiben oder mit Glück erfüllen. Es ist außerordentlich schwer, ihren negativen Einfluß zu überwinden. Die verletzende Wirkung einmal gesprochener Worte legt den Schluß nahe, daß wir manchmal nur zu klar kommunizieren. Unser Partner hat keine Schwierigkeiten, die Botschaft unseres Zorns, nämlich unsere Enttäuschung und völlige Unzufriedenheit zu empfangen! „Ein jeder Mensch sei schnell zum Hören, langsam zum Reden, langsam zum Zorn" (Jak. 1,19). Oder: „Siehe, ein kleines Feuer, welch einen Wald zündet's an! Auch die Zunge ist ein Feuer ..." (Jak. 3,5b-6).

Wenn Sie die Macht Ihrer Worte steigern und zum Guten einsetzen wollen, empfehlen wir Ihnen, das Buch der Sprüche zu studieren. Stellen Sie eine Studie zusammen über die biblischen Prinzipien der Kommunikation, indem Sie alle einschlägigen Verse aus den Sprüchen zu Rate ziehen, einen nach dem anderen, und sie auf Ihre Ehe anwenden. Hier sind einige Verse, mit denen Sie beginnen können:

> Sprüche 12,18: „Wer unvorsichtig herausfährt mit Worten, sticht wie ein Schwert; aber die Zunge der Weisen bringt Heilung."
> Sprüche 15,1: „Eine linde Antwort stillt den Zorn; aber ein hartes Wort erregt Grimm."
> Sprüche 18,13: „Wer antwortet, ehe er hört, dem ist's Torheit und Schande."

6. Seien Sie auf der Hut vor dem Dritten im Bunde.

Seit mindestens fünfzehn Jahren empfiehlt Dr. Wheat Jungverheirateten dringend, am Anfang ihrer Ehe keinen Fernseher im Haus zu haben. Die jungen Leute waren manchmal der Meinung, das sei zuviel verlangt. Heute erkennen viele Paare, was für ein Dieb der Fernseher sein kann, der ihnen ihre wertvolle gemeinsame Zeit stiehlt. Eine junge Ehefrau erzählte kürzlich: „Wir haben beschlossen, keinen Fernseher anzuschaffen, und das ist toll! Wir haben nichts anderes zu tun, als unsere Zeit damit zu verbringen, uns gegenseitig Aufmerksamkeit zu schenken!"

Selbst eine führende Fernsehzeitschrift stellt die Frage, ob Fernsehen womöglich zu einer Scheidung führen kann. In einem Artikel bemerkt der Psychiater David Hellerstein:

> „Der Fernseher *selbst,* dieser lärmende Kasten in einer Ecke des Wohnzimmers, ist heute zu einem gleichberechtigten – und essentiellen – Partner in vielen Ehen geworden. Selbst wenn er abgeschaltet ist, wartet dieser leere Bildschirm nur darauf, sich wieder ins Gespräch einzuschalten oder von unserer Aufmerksamkeit – oder schlimmer noch, der unseres Partners – Besitz zu ergreifen."

Dann stellt Hellerstein eine direkte Frage, die sich jedes jung verheiratete Ehepaar, dem an guter Kommunikation gelegen ist, durch den Kopf gehen lassen sollte:

> „Gibt es einen Zusammenhang zwischen der Tatsache, daß es heute in so vielen Ehen drei Partner gibt (zwei menschliche und einen elektronischen), und der Tatsache, daß sich jedes Jahr eine Million amerikanische Ehepaare scheiden lassen? Bedenken Sie, daß ein Großteil der vor dem Fernseher verbrachten Zeit am frühen Abend stattfindet – der Tageszeit also, wie Miriam Arond bemerkt, ‚in der bei Ehepaaren der größte Kommunikationsbedarf besteht'. Verdrängt das stille ‚Gespräch' mit dem Fernseher die unschätzbar wertvolle menschliche Kommunikation?"

Er schließt:

> „Schlimmstenfalls kann Fernsehen eine Flucht vor Problemen sein, mit denen man sich dringend direkt befassen müßte. Eine ‚Affäre' mit dem Fernseher kann eine Ehe zugrunde richten. Die Geschwindigkeit und ‚Glattheit' der Fernsehereignisse kann, wie Miriam Arond sagt, ‚unrealistische Erwartungen von leidenschaftlicher Romantik fördern. Uns wird vermittelt, daß das Leben eine Leidenschaftlichkeit haben sollte, die unser eigenes Leben in Wirklichkeit nicht hat'. Ein Ergebnis ist, ‚daß die

Leute heute schlechter als früher in der Lage sind, mit Problemen fertig zu werden', und daß die Hauruck-Lösungen, die in vielen Fernsehsendungen dargestellt werden, den Impuls, sich schnell aus der Affäre zu ziehen, verstärken."[15]

Zu welchem Schluß auch immer Sie kommen, was den Fernseher in Ihrer Ehe betrifft, ob er nun dritter Partner oder gelegentlicher Gast sein soll, wir hoffen, daß Sie eine gute Kommunikation als so lebenswichtigen, so schwer erworbenen und so leicht verspielten Teil Ihrer Liebesbeziehung erkennen, daß Sie sie mit allen Kräften schützen werden.

Zwei gute Freunde von uns haben das getan: John und Richie Wadsworth. Vierzig ereignisreiche Jahre lang hat dieses Paar miteinander kommuniziert, und als bei John Krebs diagnostiziert wurde, konnten sie sich auch durch diese Erfahrung hindurch Unterstützung geben. Später hat Richie darüber geschrieben, und wir haben sie gefragt, ob wir ihren Bericht an unsere Leser weitergeben dürfen, die gerade ihren gemeinsamen Weg beginnen.

„Ich liebe dich, John"

„Die sieben Wochen von der Krebsdiagnose bis zu jenen letzten Momenten, als der Atem immer langsamer ging und schließlich ganz aufhörte, waren eine gewaltige Lernerfahrung und eine Zeit geistlichen Wachstums für uns beide.

Im Grunde waren wir immer noch dieselben Menschen, die während vierzig Ehejahren zusammen gelebt, gelacht, sich geneckt, Entscheidungen getroffen, gestritten, uns geeinigt und geweint hatten. Wir hatten hartnäckig ‚Ich liebe dich' gesagt, selbst in Momenten, in denen wir uns nicht besonders mochten. Wir hatten es leidenschaftlich, zufrieden, tröstend, stolz und ‚einfach nur deswegen' gesagt.

Die Tür der Kommunikation zwischen uns war offen, als der Krebs in unser Leben eintrat, denn sie war während all unserer Ehejahre bereits offen gewesen.

Die Krankheit änderte nichts an unserer Fähigkeit, zu lachen und herumzualbern. Wir schwelgten lange in Erinnerungen. Wir weinten, ohne uns zu schämen. Vor allem teilten wir uns jeden Gedanken mit, der uns kam. Furcht überfiel uns nicht, weil Christus das Zentrum unseres Lebens war und die Furcht für uns ans Kreuz getragen hatte. Das versetzte uns in Staunen.

Manchmal phantasierte John aufgrund der Medikamente im Schlaf. Es waren meist keine beunruhigenden Phantasien, sondern er befand sich auf Reisen. Eines Tages sagte er: ,Es ist so komisch, aber ich war auf einer Reise und in einem Haus, das mir gehörte, aber es war nicht dieses, und in einem Zimmer, das mir gehörte, aber es war nicht dieses –'

Ich unterbrach: ,Nun ja, du wirst bald eine Reise antreten, und –' Gemeinsam sagten wir: ,In meines Vaters Hause sind viele Wohnungen ... Ich gehe hin, euch die Stätte zu bereiten.'

Die Kommunikation bereicherte unsere letzten gemeinsamen Tage ungemein. Wäre sie nicht durch die Jahre hindurch langsam aufgebaut worden, so hätten wir sie in den letzten Tagen unseres gemeinsamen Lebens nicht genießen können.

Mitten in der Nacht an einem Freitag kam ich mit frischem Wasser ins Zimmer zurück. Als John das Eis im Glas klingeln hörte, drehte er mir das Gesicht zu und lächelte. Ich sagte: ,He, ich liebe dich.'

Er griff mit seiner Linken nach meiner Hand, weil inzwischen der Knochen in seinem rechten Arm zerfallen war, zog meine Hand an seine Lippen und sagte: ,Ich liebe dich auch. Oh ja, das kann man wohl sagen!'

Ich hatte sehr darum gebetet, daß John seine Fähigkeit zu sprechen nicht verlieren würde, und Gott hatte mir meinen Wunsch erfüllt. Wir hatten über die Tatsache gesprochen, daß es, wenn wir nicht all die Jahre hindurch offen und liebevoll miteinander gesprochen hätten, in diesen letzten Tagen unseres Lebens zu spät dazu gewesen wäre.

Am Samstag und Sonntag sank die Stimme, die ich liebte, zu einem Flüstern herab, aber ich kommunizierte immer noch. Und als ich seine Hand hielt und sein leises Atmen aufhörte, überquerte er die Schwelle, während ich sagte: ‚Ich liebe dich, John.'"

PRIVAT – KEIN ZUTRITT: GEHEIMNISSE DER SEXUELLEN ERFÜLLUNG

„Darum wird ein Mann seinen Vater und seine Mutter verlassen und seinem Weibe anhangen, und sie werden sein ein Fleisch. Und sie waren beide nackt, der Mensch und sein Weib, und schämten sich nicht" (1. Mose 2,24-25).

„Mein Freund komme in seinen Garten und esse von seinen edlen Früchten. –
Ich bin gekommen, meine Schwester, liebe Braut, in meinen Garten. Ich habe meine Myrrhe samt meinen Gewürzen gepflückt; ich habe meine Wabe samt meinem Honig gegessen; ich habe meinen Wein samt meiner Milch getrunken.
[Gott zu dem Paar:] Eßt, meine Freunde, und trinkt und werdet trunken von Liebe" (Hl. 4,16-5,1).

Wenn Sie ein überwältigendes sexuelles Verlangen nach einander verspüren, können Sie ohne Schuld oder Scham den Rest der Welt aussperren und Ihre Liebe in völliger Freiheit körperlich ausdrücken. Das ist das Wunder der Ehe!
Aber das ist noch nicht alles. Gott verheißt, daß Sie beide durch die sexuelle Vereinigung *ein Fleisch* werden. Echte Liebe weckt in uns den Wunsch, dem geliebten Menschen so nahe wie möglich zu sein, und Gott hat für die Erfüllung dieser Sehnsucht vorgesorgt. Der Ausdruck *ein Fleisch sein* bedeutet eine Verschmelzung Ihrer beiden Persönlichkeiten, ein Teilen Ihrer beiden Wesen, so daß Sie einander

wirklich kennen können. Darum verwendet die Bibel für den sexuellen Verkehr den Ausdruck „erkennen". „Und Adam erkannte sein Weib Eva, und sie ward schwanger" (1. Mose 4,1). „Josef aber ... nahm seine Frau zu sich; und er erkannte sie nicht, bis sie ihren ersten Sohn geboren hatte" (Matth. 1,24-25).

Denken Sie deshalb nicht, Sex sei nur eine zusätzliche Attraktion. Er soll mitten im Herzen Ihrer Ehe stehen und zum intimsten und köstlichsten Ausdruck Ihrer Liebe werden, wenn Sie Ihr ganzes Wesen miteinander teilen.

Eine Ehefrau, Susan, beschrieb diese Beziehung so:

„In unserer Ehe ist Sexualität ein Zauberfaden, der uns zu einer Person zusammennäht. Auch dann, wenn das Liebesspiel vorüber ist und wir unserem gewöhnlichen Leben nachgehen, hält uns dieser Faden auf eine magische Weise zusammen, und wir lächeln uns voller Befriedigung an. Wir empfinden dann eine besondere Zufriedenheit, wenn wir uns zum Essen an den Tisch setzen, in dem Wissen, daß wir einander vollkommen kennen und lieben. Es ist eine geheime Wonne, die wir miteinander teilen – oder vielleicht besser ein unbeschreiblich schönes Geheimnis.

Jedenfalls gehört dazu, daß ich dieses geheime Wissen mit dem Mann teile, den ich liebe: die privaten Blicke, das private Lächeln, die private Bedeutung dessen, was wir sagen. Das ist die Zeit, in der wir das Gefühl, jung und verliebt zu sein, wieder einfangen. Hier halten wir den Kontakt zu jenem geheimen Ort, den wir vor zehn Jahren entdeckten. Heute haben wir Kinder großzuziehen, Fahrräder, die in der Einfahrt stehen, wir haben Rechnungen zu bezahlen, Termine und Unterbrechungen und alle möglichen Anforderungen an unsere Zeit und unsere Gedanken. Aber nachts, wenn das Haus still ist, können wir uns in unsere private Welt zurückziehen und unser Einssein wieder neu in unsere Herzen einprägen.

Eine gute Eigenschaft dieses Zauberfadens, wie ich es nenne, ist, daß die guten Auswirkungen nicht bleibend sind. Die Wirkung hält nicht ein für allemal an, sondern wir werden wieder und immer wieder zueinander hingezogen. Wir kommen ohne unsere „Vereinigungen" einfach nicht aus. Ich kann mir nicht vorstellen, wie ohne diese Zeiten, in denen man sich aufeinander konzentrieren und den Rest der Welt vergessen kann, eine Ehe überleben soll!"

Diese Wahrheit gilt vom ersten Tag Ihrer Ehe an bis ins Alter. Manche von Ihnen sind verlobte Paare, die sich auf die Hochzeit und die Flitterwochen vorbereiten. Andere sind junge Ehepaare, die schon lange genug verheiratet sind, um Antwort auf Fragen anderer Art zu suchen. Vielleicht sind auch einige unter Ihnen dabei, eine zweite Ehe aufzubauen und die sexuellen Erfahrungen der ersten Ehe mit einzubringen. Oder vielleicht hatten Sie bereits mit mehreren Partnern sexuelle Beziehungen und fragen sich, wie sich das auf Ihre Beziehung in der Ehe auswirken wird. Da wir auf Sie alle in Ihren verschiedenen Situationen eingehen möchten, lassen Sie uns mit den Ratschlägen der Bibel zum Thema Sexualität beginnen – mit den Richtlinien des „Erfinders" aller guten Freuden, wie wir dieses Geschenk in der Ehe in vollen Zügen genießen können. Dies beinhaltet sowohl Ratschläge für die Zeit vor der Hochzeitsnacht als auch die Geheimnisse der sexuellen Erfüllung, die jedes Paar kennen sollte.

BIBLISCHER RAT

1. Gehen Sie ehrfürchtig mit der Sexualität um, denn Sie wissen, welche Bedeutung ihr zukommt.
Wenn Sie diesen ersten Punkt berücksichtigen, können Sie die falschen Haltungen vermeiden, die in vielen Ehen

zu so tiefen Verletzungen führen. Wir sind schon vielen furchtsamen, gehemmten Leuten begegnet, die meinten, Sexualität zwischen Ehemann und Ehefrau sei etwas, wofür man sich schämen müßte. Sie empfinden wie die englische Königin Victoria, die an ihre Tochter schrieb: „Die animalische Seite unserer Natur ist für mich – zu furchtbar." Am anderen Ende des breiten Spektrums finden wir Paare, bei denen einer der Partner eine billige, oberflächliche Einstellung zur Sexualität hat und selbstsüchtige, körperliche Befriedigung als einziges Ziel verfolgt – sexuelle Begegnung als „Hauptsache, es turnt mich an"-Weise. Beiden Extremen ist ein Mißverständnis gemeinsam: daß Sexualität ein Ausdruck unserer animalischen Natur sei.

Wenn Sie den Eindruck haben, daß Sie zu einer dieser beiden extremen Einstellungen hin tendieren, können Sie Ihren Kurs korrigieren und Ihre Liebesbeziehung in Sicherheit bringen, indem Sie die folgenden biblischen Fakten als Fixpunkte in Ihrem Verständnis berücksichtigen.

Als Gott die Sexualität geschaffen hatte, nannte er sie sehr gut.

> „Und Gott schuf den Menschen zu seinem Bilde, zum Bilde Gottes schuf er ihn; und schuf sie als Mann und Weib. Und Gott segnete sie und sprach zu ihnen: Seid fruchtbar und mehret euch und füllet die Erde ... Und Gott sah an alles, was er gemacht hatte, und siehe, es war sehr gut" (1. Mose 1,27-28; 31).

Das Wort „Mensch" (adam, nicht als Eigenname) bezeichnet zwei sexuelle Wesen, die für die intime Vereinigung miteinander geschaffen sind. Wenn Sie 1. Mose Kapitel 1 lesen, sehen Sie, daß alle anderen Teile der Schöpfung als „gut" beurteilt wurden. Erst als Mann und Frau als sexuelle Wesen erschaffen und mit den geheimnisvollen Eigenschaften und Attributen von Männlichkeit und Weiblichkeit ausgestattet wurden, nannte Gott seine Schöpfung „sehr gut". Beachten Sie auch, daß Gottes erstes Wort an seine neuen Geschöpfe die Anweisung beinhaltet, ihre Sexualität auszuüben.

Gott betrachtet die Sexualität in der Ehe als rein und wertvoll.

„Die Ehe soll in Ehren gehalten werden bei allen und das Ehebett unbefleckt; denn die Unzüchtigen und die Ehebrecher wird Gott richten" (Hebr. 13,4).

Das Neue Testament lehrt, daß Sexualität nicht nur an ihrem Ursprung „gut" war, sondern in höchstem Maß wertvoll und rein ist, wenn sie nach dem Plan des Schöpfers im Kontext der Ehe genossen wird. In einem säkularen Lehrbuch für College-Studenten haben wir die Bedeutung dieses Bibelverses erläutert:

„Drei Worte verlangen besondere Aufmerksamkeit. Das Wort, das mit ‚in Ehren‘ wiedergegeben wird, bedeutet ‚sehr kostbar‘, ‚von unschätzbarem Wert‘. Das als ‚Bett‘ übersetzte Wort bedeutet buchstäblich Koitus – ein klarer Bezug zum Geschlechtsverkehr. Und das Wort ‚unbefleckt‘ bezeichnet die Freiheit von jeder Verschmutzung – Reinheit. In einem einzigen, überzeugenden Satz sagt die Bibel, daß die Ehe – die von Gott vorgesehene Umgebung für den Ausdruck der Sexualität – sehr kostbar und von unbeschreiblichem Wert ist und daß der Geschlechtsverkehr in dieser Umgebung so rein ist, daß er als ein Akt der Anbetung vollzogen werden könnte (und vollzogen wird!).

Diese Schriftstelle beschreibt das Ehebett als eine Art ‚Allerheiligstes‘, in das sich Ehemann und Ehefrau zurückziehen, um ihre Liebe zueinander zu feiern. Doch wenn Sexualität in dieser Umgebung heilig ist, heißt das nicht, daß er körperlich weniger genußvoll wäre. Wir sind als sinnliche Wesen mit brennenden Sehnsüchten geschaffen, und unsere Körper sind komplex darauf angelegt, köstliche sexuelle Freuden zu erleben. Die Bibel belegt den menschlichen Körper um seiner selbst willen mit einem hohen Wert, weil er vom Schöpfer ‚wunderbar gemacht‘ (Psalm 139,14) ist und weil der Mensch gewordene Erlöser darin Wohnung genommen hat. Derselbe

Körper, der sich den leidenschaftlichen, körperlichen Freuden mit dem Ehepartner hingibt, wird als ‚Tempel des heiligen Geistes' beschrieben (1. Kor. 6,19)."[1]

Freilich dürfen wir nicht die eine Seite der Medaille bejubeln und die andere Seite ignorieren. Derselbe Vers aus dem Hebräerbrief, der den Wert und die Reinheit des ehelichen Geschlechtsverkehrs bekräftigt, warnt uns davor, Gottes Gabe zu beschmutzen, indem wir Geschlechtsverkehr außerhalb der Ehe vollziehen.

Viele der Paare, die mit uns Kontakt aufnehmen, haben Schwierigkeiten mit Schuldgefühlen, selbst wenn sie diese vorehelichen sexuellen Kontakte miteinander (also nicht mit anderen Partnern) hatten. Wenn Sie Gottes Plan für den rechten Genuß Ihrer Sexualität übertreten haben, denken Sie bitte daran, daß Gott vergeben, reinigen, heilen und wiederherstellen kann. Ein Missionar und Lehrer formulierte den folgenden guten Rat:

> „Vor Ihnen kann eine großartige Ehe und Zukunft liegen; verzweifeln Sie also nicht. Ich habe Frauen, die einst Prostituierte gewesen waren, sagen hören, daß es in ihrer Hochzeitsnacht so gewesen sei, als wäre es das erste Mal. Gott kann Großes in Ihrem Leben bewirken! Gehen Sie zu ihm und geben Sie zu, daß er wirklich wußte, wovon er redete, und daß Sie im Unrecht waren, als Sie sich um sein Wort herumzudrücken versuchten. Zeigen Sie Reue, und dann fassen Sie den Glauben, daß er den Schaden wiedergutmachen wird. ... Lassen Sie den Fluß Ihrer Sexualität von ihm leiten wie einen Fluß innerhalb seiner Ufer, und sie wird zu einer Quelle der Schönheit und der Erfüllung in Ihrem Leben werden."[2]

Sexualität in dem Rahmen der beständigen Hingabe in der Ehe hat eine tiefe Bedeutung und einen geistlichen Zweck.

„Denn wir sind Glieder seines Leibes. Darum wird ein Mann Vater und Mutter verlassen und an seiner Frau hängen, und die zwei werden ein Fleisch sein. Dies Geheim-

96

nis ist groß; ich deute es aber auf Christus und die Gemeinde" (Eph. 5,30-32).

Der Epheserbrief offenbart, daß das Ein-Fleisch-Sein von Mann und Frau ein Bild für die vertraute Nähe, die völlige Hingabe und die dauerhafte Liebesbeziehung zwischen Jesus Christus und seiner Gemeinde sein soll. Das rückt die sexuelle Beziehung in der Ehe in die richtige Perspektive. Es ist niemals sündhaft, Ihren Partner sexuell und leidenschaftlich zu lieben; es ist niemals bedeutungslos, mit dem eigenen Partner Geschlechtsverkehr zu haben. Die echte Freude beginnt, wenn Sie mit der ehrfürchtigen Achtung, die sie verdient, an Ihre sexuelle Gemeinschaft herangehen.

2. Genießen Sie Sex als Erholung, weil Gott es so vorgesehen hat.

Wenn Sie den wahren Sinn des Geschlechtsverkehrs verstanden haben, sind Sie in der Lage, die Freuden zu schätzen, die Gott in der Ehe für Sie bereithält. Wir erläuterten dies in einem unserer Bücher:

„Die sexuelle Begegnung mit Ihrem Partner ist natürlich weitaus mehr als nur eine Erholung, aber sie ist auch das: die beste, entspannendste, erneuerndste Erholung, die der Mensch kennt, und auch das hat Gott so geplant. Kein Wunder, daß man oft vom ,Liebesspiel' spricht. Es ist Spaß, nicht Pflicht, aufregend, nicht langweilig, etwas, auf das man sich freut, nicht eine öde Prozedur, der man aus dem Weg geht, wenn man eben kann. Es sollte und kann der Höhepunkt eines gewöhnlichen Tages sein, wenn zwei Menschen zusammenkommen, um sich gegenseitig durch ihre Liebe zu erfrischen, um die Sorgen und Verletzungen des Lebens zu vergessen und die völlige und wunderbare Entspannung zu erleben, die Gott als Höhepunkt des Liebesspiels eingesetzt hat und bei der Mann und Frau Befreiung finden. Welche Ironie, daß viele Paare anderswo nach allen möglichen Formen der

Erholung suchen und nie die Fülle der Freude entdecken, die ihnen in ihrem eigenen Schlafzimmer zur Verfügung steht."[3]

Lesen Sie gemeinsam das Hohelied Salomos in einer modernen Übersetzung, und wenden Sie es auf Ihre eigene „Liebesaffäre" an. Sie werden feststellen, daß die sexuelle Begegnung in Ihrer Ehe Ihnen Erfrischung, Wiederherstellung, Freude, Freiheit und überschwengliche Wonnen bieten kann. Und das nicht nur in der Anfangszeit Ihrer Ehe! Hören Sie auf den Rat des Buches der Sprüche, das sich auf bodenständige Weisheiten für alle Lebenslagen spezialisiert. Das Thema des 5. Kapitels läßt sich folgendermaßen zusammenfassen: Halten Sie sich fern von Leuten, die Sie zur Untreue verleiten wollen, und seien Sie immer heiß verliebt in Ihre eigene Frau/Ihren eigenen Mann. Eine deutliche Schilderung der sexuellen Freuden einer lebenslangen Ehe soll hier aufgezeigt werden: „Dein Born sei gesegnet, und freue dich des Weibes deiner Jugend. Sie ist lieblich wie eine Gazelle und holdselig wie ein Reh. Laß dich von ihrer Anmut allezeit sättigen und ergötze dich allewege an ihrer Liebe" (Spr. 5,18-19).

Hier wie auch im Hohelied Salomos wird die Ehefrau mit einem Brunnen verglichen, einer verschlossenen Quelle, die für ihren Ehemann versiegelt ist und deren Wasser ihn ganz und gar sättigen werden. Das hebräische Wort für „sättigen" bedeutet auch „den Durst stillen", sich satt trinken, ganz und gar durchdrungen werden von dem, was angenehm ist.

Die zu Anfang dieses Kapitels zitierten Verse aus dem Hohelied Salomos beschreiben die höchste Erfüllung der Liebe in der Hochzeitsnacht. S.C. Glickman hat sie „eine der scheuesten und behutsamsten Liebesszenen der Weltliteratur" genannt. Im fortlaufenden Text schildert der Ehemann die gemeinsame Liebe als einen schönen Garten, den er genossen hat, und als ein großes Festmahl, das er gefeiert hat.

„Dennoch sind die Worte der Liebenden nicht die letzten Worte dieser Nacht. Als letztes spricht eine geheimnisvolle Stimme: ‚Eßt, meine Freunde, und trinkt und werdet trunken von Liebe‘ (Hld. 5,1b). Wer ist es, der hier zu den Liebenden spricht? Manche meinen, es seien die Hochzeitsgäste, aber es ist natürlich unwahrscheinlich, daß diese in jenem Augenblick zugegen sind. Dasselbe gilt auch für jede andere Person. Doch die Stimme muß jemand anderem als den Liebenden gehören, denn sie sind ja die Angesprochenen. …

Am Ende bleibt keine andere Möglichkeit übrig, als daß dies die Stimme des Schöpfers sein muß, des größten Dichters, des intimsten Hochzeitsgastes von allen, ja desjenigen, der dieses schöne Paar nach seinem Plan für diese Nacht vorbereitet hat.

Er erhebt seine Stimme und spricht sein herzliches Gefallen an dieser Nacht aus. Energisch bekräftigt und bestätigt er die Liebe seines Paares. Er freut sich an dem, was geschehen ist. Er ist froh, daß sie tief aus dem Brunnen der Liebe getrunken haben. Zwei seiner Kinder haben die Liebe in all der Schönheit und Leidenschaftlichkeit und Reinheit erlebt, die er ihnen zugedacht hat. Ja, er drängt sie, noch mehr zu erleben. … Eßt zusammen von dem Festmahl, das ich euch bereitet habe. Das ist seine Einstellung dazu, daß sie einander ihre Liebe geben.

Und übrigens, das ist auch seine Einstellung zu Ehepaaren in unserer Zeit.“[4]

3. Erkennen Sie Ihre Verantwortung gegenüber Ihrem Partner.
Im 1. Korinther, Kapitel 7, werden uns vier wertvolle Richtlinien für den Ausdruck der Sexualität in der Ehe geboten – die allesamt unsere Verantwortung voreinander als Liebende unterstreichen.

Das Prinzip des Bedürfnisses

„Aber um Unzucht zu vermeiden, soll jeder seine eigene Frau haben und jede Frau ihren eigenen Mann. Der Mann leiste der Frau, was er ihr schuldig ist, desgleichen die Frau dem Mann" (1. Kor. 7,2-3).

Das erste Prinzip ist einfach: Sie beide brauchen die Segnungen und den Schutz der Sexualität innerhalb Ihrer Ehe. Es ist wichtig, daß Sie alles tun, um die Bedürfnisse Ihres Partners auszufüllen. Wenn Sie beide sich diesen Gedanken zu eigen machen und ausleben können, wird eine zärtliche, aber sehr aufregende Beziehung das Ergebnis sein.

Das Prinzip der Zugehörigkeit

„Die Frau verfügt nicht über ihren Leib, sondern der Mann. Ebenso verfügt der Mann nicht über seinen Leib, sondern die Frau" (1. Kor. 7,4).

Das zweite Prinzip ist weniger einfach und ziemlich ernüchternd. Wenn zwei Menschen heiraten, übertragen sie das Eigentumsrecht für ihren Körper an ihren Partner. Es ist klar, daß dazu äußerstes Vertrauen gehört. Alle Menschen sollten sich, bevor sie heiraten, darüber im klaren sein, daß sie aus Gottes Sicht sexuell einander gehören und nicht das Recht haben werden, dem anderen die körperliche Zärtlichkeit vorzuenthalten. Um es ganz deutlich auszudrükken: Der Körper der Frau gehört nun ihrem Mann, und der Körper des Mannes gehört nun seiner Frau. Freilich muß jeder der beiden den Körper des anderen lieben und für ihn sorgen, als wäre es sein eigener. Unvernünftige Forderungen sind natürlich ausgeschlossen.

Das Prinzip der Regelmässigkeit

„Entziehe sich nicht eins dem andern, es sei denn eine Zeitlang, wenn beide es wollen, damit ihr zum Beten Ruhe habt; und dann kommt wieder zusammen, damit euch der Satan nicht versucht, weil ihr euch nicht enthalten könnt" (1. Kor. 7,5).

Das dritte Prinzip beinhaltet ein hartes Wort, „entziehen", apostereo, das eigentlich „rauben" oder „einander hintergehen" bedeutet. Mit anderen Worten, betrügen Sie Ihren Partner nicht, indem Sie ihm den regelmäßigen sexuellen Verkehr vorenthalten, es sei denn nach beiderseitiger Übereinkunft für eine kurze Zeit. Tun Sie es doch, so öffnen Sie in Ihrer Ehe Tür und Tor für Versuchungen des Satans. Unser Schöpfer weiß das. Darum rät er uns, aktiv und regelmäßig mit unserem Partner Geschlechtsverkehr zu haben.

Das Prinzip der Gleichheit

Dieses Prinzip entstammt dem zitierten Abschnitt und findet seine beste Veranschaulichung in der Beziehung der beiden Liebenden im Hohelied Salomos. Sexuelle Beziehungen sollen gleich und wechselseitig sein; jeder hat das Recht, die sexuelle Begegnung zu initiieren, und keiner hat das Recht, ihn als Vertragsobjekt zu benutzen.

Mann und Frau sind *gleichwertig*. Ihre sexuelle Beziehung ist auf zwei gleichberechtigte Partner ausgelegt – auf einen Mann und eine Frau, die sich in der Ehe dauerhaft aneinander binden – die einander lieben, nicht benutzen. Vor einigen Jahren schilderte ein Science-fiction-Roman eine zukünftige Gesellschaft, in der Paare nicht mehr als Liebende, sondern als *Benutzer* bezeichnet werden. Das Fernsehen spiegelt einen Trend zu einer solchen grausigen Zukunft wider: In einer amerikanischen Untersuchung wurde festgestellt, daß 88 Prozent aller im Fernsehen gezeigten Sexszenen Sex außerhalb der Ehe darstellten – als Leute, die andere Leute zur momentanen Befriedigung benutzen.

Die biblischen Prinzipien über den Genuß der Sexualität stehen dieser Haltung direkt entgegen. Gottes Ratschlag zum Thema Sexualität besagt, daß wir stets liebevoll und um das Wohlergehen und das Glück des anderen besorgt sein sollen. Hören wir noch einmal Susan, die uns von dem „Zauberfaden" erzählte. Wir fragten sie, wie sie und Don eine so wunderbare Beziehung in ihrer zehnjährigen Ehe aufrechterhalten haben. Ihre Antwort zeigt die biblischen Richtlinien, wie sie in Aktion getreten sind.

„Wir folgen drei einfachen Regeln, nicht Gesetzen, sondern Wegen, um Liebe zu kommunizieren. Erstens halten wir unser Sexualleben von unseren Streitigkeiten und Meinungsverschiedenheiten getrennt. Das ist nicht so schwer, wie es klingt. Unser Sexualleben ist so gut; wir wollen nicht, daß es geschädigt wird, also schützen wir diesen privaten Ort, und keiner von uns zerrt andere Dinge dort hinein. Wenn wir streiten, versöhnen wir uns wieder; und dann lieben wir uns. In zehn Ehejahren haben wir niemals den Sex als Waffe gegeneinander gebraucht.

Zweitens stehen wir einander fast immer zur Verfügung. Wenn einer in Stimmung ist, stellt sich der andere darauf ein und kommt bald auch in Stimmung. Natürlich stellen wir keine Ansprüche, wenn wir wissen, daß der andere müde oder krank oder nicht gut drauf ist. Das verlangt schon die einfache Höflichkeit und Rücksichtnahme.

Drittens, wenn einer von uns es im Moment einfach nicht kann, äußern wir die Bitte, es auf ein anderes Mal zu verschieben, aber so, daß sie wie liebevolle Vorfreude klingt und nicht wie Ablehnung. So sind wir auf sexuellem Gebiet immer miteinander umgegangen, und als wir vor ein paar Jahren anfingen, die Bibel zu lesen, stellten wir fest, daß wir es durch ein Wunder der Liebe richtig gemacht hatten!"

4. *Denken Sie an die Privatsphäre.*

Das Ein-Fleisch-Werden in der Ehe erfordert Privatsphäre im Sinne des Wortes. Hier sind einige Möglichkeiten, das in Ihrer Beziehung umzusetzen.

▷ Lassen Sie keine andere Person in Ihr Privatleben eindringen.

Dies ist ein Teil Ihres Lebens, in dem enge Freunde, Kinder und geliebte Familienangehörige nichts zu suchen haben! *Privat* bedeutet: nicht für den allgemeinen Gebrauch bestimmt, abgeschieden, von den Blicken der Öffentlichkeit abgeschirmt.

▷ Hüten Sie sich vor dem Eindringling – vor jeder Person, die gerne den Platz Ihres Partners in Ihrem Leben einnehmen möchte.

Wenn Sie zulassen, daß eine enge Freundschaft mit einer Person, die durch zärtliche Berührungen und intime Gespräche gekennzeichnet ist, weiter wächst, lassen Sie das Tor offen und laden diese Person als Liebhaber in Ihr Herz ein.

▷ Meiden Sie Angehörige, Freunde oder Nachbarn, die Sie ermutigen, über Ihren Partner zu reden, bis Sie die richtige Distanz von ihm oder ihr haben.

Schützen Sie Ihre Einheit. Sie ist kostbar.

▷ Sprechen Sie nicht mit anderen über Einzelheiten Ihrer sexuellen Beziehung, es sei denn, mit einem Arzt oder Lebensberater, wenn es nötig ist.

Sie sollten Ihr Sexualleben als heilig betrachten. Lassen Sie niemals Witze über Ihr Privatleben zu, und geben Sie niemals vertrauliche Dinge aus diesem sensiblen Bereich an andere weiter.

▷ Wahren Sie die Privatsphäre Ihres Schlafzimmers.

Installieren Sie notfalls ein Schloß an Ihrer Schlafzimmertür und machen Sie Gebrauch davon. Kinder sollten schon sehr früh lernen, an Mamas und Papas Tür anzuklopfen und niemals einfach so hineinzustürmen. Lassen Sie Ihre Kinder nicht in Ihrem Bett oder im selben Zimmer schlafen. Wenn Sie ein Haus kaufen oder bauen, bemühen Sie sich um eine Anordnung der Zimmer, die für den größtmöglichen Schutz der Privatsphäre sorgt. Ihr Schlafzimmer sollte ein Zufluchtsort für Ihre Liebe sein. Gestalten Sie es schön, halten Sie es gemütlich, und benutzen Sie es nur zum Schlafen, An- und Ausziehen und als Liebende.

HINWEISE FÜR DIE ZEIT VOR DER HOCHZEITSNACHT

Es ist gut, wenn Sie sich schon jetzt auf die „körperliche Dimension" Ihrer Ehe vorbereiten, auch wenn es bis zu Ihrer Hochzeit noch einige Wochen dauert. Zur sexuellen Beziehung gehört viel mehr als das, was von Natur aus kommt, und niemand sollte meinen, er müsse von Anfang an ein Experte darin sein. Für einen frischgebackenen Ehemann kann es eine schwere Belastung sein, so tun zu müssen, als ob er schon alles wüßte. Niemand weiß alles. Selbst die auf dieses Gebiet spezialisierten Therapeuten forschen ständig weiter über sexuelles Verhalten und fördern neue Fakten zutage. Gottes Entwurf für die körperliche Begegnung von Mann und Frau ist schön, aber kompliziert. Deshalb müssen Sie die Mechanismen des sexuellen Ausdrucks und der sexuellen Reaktion verstehen lernen, um Schwierigkeiten zu vermeiden, die Ihre Freude behindern und Sie um Ihre Erfüllung bringen könnten.

Viele Probleme lassen sich vermeiden, wenn Sie im voraus richtig informiert sind, so daß Sie Ihre Ehe mit positiven sexuellen Erlebnissen beginnen und sogar den Sex in Ihren Flitterwochen genießen können – einer Zeit, die, offen gesagt, für unvorbereitete oder falsch informierte Paare oft enttäuschend ausfällt. Viele der sexuellen Probleme, die wir in der Wheat-Klinik behandeln, lassen sich bis zu einer Hochzeitsreise zurückverfolgen, die für die Braut furchterregend und für den Bräutigam frustrierend war. Diese erste Erfahrung führt oft zu einem gewohnheitsmäßigen Zustand der Enttäuschung, der Ungeschicklichkeit und der Langeweile im Schlafzimmer. Die Frau beginnt den sexuellen Begegnungen ganz aus dem Weg zu gehen, und die Verletzung des Mannes verwandelt sich in Zorn.

Wir möchten, daß Sie nicht nur eine wunderbare Hochzeitsnacht zusammen verbringen, sondern auch das Zutrauen gewinnen, daß Ihr Liebesleben immer besser werden wird, wenn Sie sich darin üben, körperlich miteinander zu kommunizieren, und die vielen Möglichkeiten entdekken, einander Freude zu bereiten. Niemand kann Ihnen alles sagen, was Sie über die sexuelle Liebe zu Ihrem Partner wissen müssen. Nur Sie können dieses Wissen sammeln, indem Sie einfühlsam für die Wünsche Ihres Partners werden. Ja, diese Einfühlsamkeit und der Wunsch, Ihrem Partner Freude zu schenken, sind es, die Sie zu einem großartigen Liebhaber/einer großartigen Liebhaberin werden läßt. Das muß mit der geistigen Vorbereitung auf Ihre Hochzeitsnacht anfangen.

1. Erwarten Sie nicht von Anfang an körperliche Harmonie. Seien Sie realistisch in Ihren Erwartungen.

Um Enttäuschungen zu vermeiden, planen Sie Ihre Hochzeitsnacht gemeinsam im voraus, und teilen Sie Ihre geheimen Träume und Wünsche miteinander.

In der Hochzeitsnacht treffen Romantik und Realismus an einer Kreuzung aufeinander. Hoffentlich werden sie sich als miteinander vereinbar erweisen und gemeinsam in dieselbe Richtung führen. Nichts ist realistischer und „bodenständiger" als sexueller Verkehr. Aber was wird aus den romantischen Träumen, dem Idealismus, der sich nach einer schönen Erfahrung sehnt, und der Sehnsucht auch nach geistlicher Vereinigung, die vielleicht mindestens einer von Ihnen mit in die Hochzeitsnacht bringt? Diese sind ebensogültig und ebensowichtig wie die Verzückung und Leidenschaft, die der andere vielleicht erwartet.

Sie müssen über Ihre Wünsche sprechen. Bitte verlassen Sie sich nicht darauf, daß Ihr Partner weiß, was Sie sich wünschen, ohne daß Sie es ihm sagen. Als Ehemann werden Sie die Möglichkeit haben, Ihrer Frau Ihre Liebe zu zeigen, indem Sie dies zu einer schönen Nacht werden lassen, die sie nie vergessen wird, und ihre romantischen Träume erfüllen und die liebevolle körperliche Nähe genießen. Die ersten Wochen der sexuellen Begegnungen werden dem Mann wahrscheinlich ein Maximum an Selbstbeherrschung abverlangen, um ein Maximum an Genuß für seine Frau zu erlangen.

2. *Gehen Sie nicht zielorientiert an die Liebe heran.*

Das gilt im besonderen für den Mann, da er dazu neigt, sich selbst als Liebhaber allein danach zu beurteilen, ob er in der Lage ist, seine Frau durch den Orgasmus zur sexuellen Entspannung zu bringen. Machen Sie dies jedoch nicht zum obersten Ziel Ihrer Flitterwochen.

Ihre Zielsetzung und Ihr Bestreben, dieses Ziel zu erreichen, setzt Ihre Frau dem Druck aus, dementsprechend zu reagieren und eine Leistung zu vollbringen, aber die Folge kann gerade das Gegenteil sein. Sie wird den Orgasmus nur in einer entspannten Atmosphäre erreichen, nachdem sie sowohl emotional als auch körperlich erregt und in ausreichendem Maß geschickt körperlich stimuliert worden ist. Wenn sie sich durch *Ihre* Erwartungen unter Druck fühlt, kann ihre Furcht vor Versagen die körperliche Reaktion behindern, die sie normalerweise zeigen würde. Dadurch kann ihre Empfänglichkeit für sexuelle Stimulation sogar dauerhaft gehemmt werden.

Ihr Ziel in der Hochzeitsnacht sollte es sein, durch die körperliche Nähe eine emotionale Intimität aufzubauen. Sie betreten jetzt neue Wege, um zu zeigen, wie sehr Sie Ihre Frau verehren und wie schön und begehrenswert Sie sie finden. Wenn Ihnen die Phantasie dazu fehlt, lesen Sie aufmerksam das Hohelied Salomos, in dem eine sowohl für den Bräutigam als auch für die Braut aufregende Hochzeitsnacht geschildert wird.

Konzentrieren Sie sich darauf, Ihrer Frau durch romantische Worte und Gesten, durch Wärme und Zärtlichkeit Gutes zu tun und ihren ganzen Körper gemächlich zu liebkosen. Dies macht deutlich, wieviel Freude Sie an ihr haben. Hastiges, mechanisches Streicheln der Brüste oder Genitalien als Mittel zur schnellen Erregung ist gerade nicht das Kennzeichen eines wahren Liebhabers. Ihr Liebesspiel sollte gemächlich sein, aber stets darauf ausgerichtet, zu erregen, und die Erregung sollte sich beständig verstärken. Beginnen Sie langsam, genießen Sie jede Empfindung und jedes Zeichen des Behagens Ihres Partners, und dann steigern Sie allmählich zu einem sowohl emotionalen als auch körperlichen Höhepunkt. Wir erläuterten dies bereits in unserem Buch *LOVE LIFE:*

„Ehemänner, denen es nur um die körperliche Befriedigung geht, sollten wissen, daß auch sie selbst mindestens ein zwanzig Minuten dauerndes sexuelles Vorspiel benötigen, um ein Maximum an Genuß bei der sexuellen Entspannung zu erreichen. Der Orgasmus wird auch Klimax oder Höhepunkt genannt, und genau das sollte er auch sein: der höchste, interessanteste und aufregendste Punkt in einer Reihe von Ereignissen. Wie erreichen Sie diesen höchsten Punkt? Indem Sie zu ihm aufsteigen. Das Wort Klimax stammt aus dem Griechischen und bedeutet ‚Leiter‘. Sie erreichen eine Klimax durch eine langsame, allmähliche Steigerung, die am höchsten Punkt zu einer plötzlichen, erregenden Entspannung führt – etwa wie eine Achterbahnfahrt mit einer langen, langsamen Steigung, auf die der aufregende Sturz aus der Höhe hinab folgt."[5]

Das erfordert Selbstbeherrschung auf seiten des jungen Ehemannes, aber seine Geduld wird durch ein erfüllendes Liebesleben durch viele Jahre hindurch belohnt.

Lassen Sie sich nicht aus der Fassung bringen, wenn Sie in Ihrer Hochzeitsnacht ejakulieren, bevor Sie es wollen. Das ist auf Grund Ihrer intensiven Empfindungen zu erwarten. Dazu kann es in dem Moment kommen, in dem der Penis in die Vagina eindringt, oder sogar schon vorher, während Sie noch Ihre Frau liebkosen, um sie zu erregen. Aber das muß keinesfalls das Ende des Liebesspiels sein. Während Ihrer Flitterwochen wird sich vermutlich innerhalb weniger Minuten eine neue Erektion einstellen. Bringen Sie Ihre Frau bis zur sexuellen Entspannung, indem Sie ihre Klitoris stimulieren. Möglicherweise ist das sogar angenehmer für sie, weil anfangs die Vaginalmuskeln sehr gespannt sein können, so daß der Geschlechtsverkehr unangenehme Empfindungen mit sich bringen kann.

Dieser Rat gilt für Sie auch dann, wenn Sie schon einmal verheiratet waren oder vor Ihrer Ehe anderweitige sexuelle Erlebnisse hatten. Was auch immer in der Vergangenheit geschehen ist, gehen Sie in Ihre Hochzeitsnacht, als wäre es für Sie beide das erste Mal. Dies ist ein neuer Start durch Gottes Gnade, und so sollten Sie auch damit umgehen. Behandeln Sie Ihre Frau so behutsam, als wäre sie eine Jungfrau, und vergessen Sie, daß sie es nicht ist. Außerdem ist Sexualität innerhalb der Ehe etwas grundlegend anderes als die beiläufige sexuelle Begegnung außerhalb der Ehe. Jemand sagte uns, es sei wie der Kontrast zwischen einer klaren Sternennacht auf einem Berggipfel und dem Smog in der Stadt unten im Tal. Genießen Sie also!

Hier sind einige wichtige körperliche Vorbereitungen, die Sie treffen sollten.

3. Planen Sie die richtige Umgebung für Ihre Flitterwochen.

Das alttestamentliche Gesetz sah vor, daß frisch verheirateten Ehepaaren ein Jahr Flitterwochen zustand. In 5. Mose 24,5 heißt es: „Wenn ein Mann erst kurz verheiratet ist, soll er nicht mit dem Heer ausziehen, und es soll ihm keinerlei Verpflichtung auferlegt werden. Er soll frei in seinem Hause sein ein Jahr lang, daß er fröhlich sei mit seiner Frau, die er genommen hat." Offensichtlich räumt Gott der sexuellen Begegnung eine hohe Priorität ein.

Wenn in Ihrem Budget mehrere tausend Mark für die Hochzeit vorgesehen sind und nur noch wenige Hunderter für eine Blitz-Hochzeitsreise übrigbleiben, raten wir Ihnen, Ihre Planung umzustellen, so daß Sie für ein paar Wochen von aller Verantwortung frei sein und sich Zeit nehmen können, einander kennenzulernen. Während dieser Zeit werden Sie freiere Kommunikationsleitungen haben, als es vielleicht je wieder der Fall sein wird. Wenn Sie diese Gelegenheit versäumen, kann es sein, daß die Kommunikationsleitungen im Lauf der Zeit immer stärker verstopfen.

Wir empfehlen, während der Hochzeitsreise mehr Wert auf Bequemlichkeit und Zurückgezogenheit zu legen als auf einen aufwendigen Komfort und ein weit entferntes Reiseziel. Auf jeden Fall sollten Sie getrennt von Familie und Freunden sein. Versuchen Sie, einen Ort zu finden, wo Ihnen bei Bedarf die Mahlzeiten aufs Zimmer gebracht werden können. Gehen Sie so ausgeruht wie möglich in Ihre Hochzeitsnacht, und planen Sie für diese erste Nacht keine lange Fahrt zu Ihrer Unterkunft ein.

Achten Sie auf die richtige Beleuchtung in Ihrem Schlafzimmer. Da Männer es meist lieber hell haben, während Frauen für gewöhnlich Dunkelheit bevorzugen, ist der beste Kompromiß eine sanfte, romantische Beleuchtung, die Ihrem Liebesspiel zusätzlichen Reiz gibt. Manche Paare nehmen Kerzen mit, um eine gedämpfte Beleuchtung zu erreichen.

Noch ein Wort zur Nachtbekleidung: Die Braut wird vermutlich ein schönes Nachthemd dabeihaben; vielleicht ist das sogar ein Teil ihrer romantischen Träume. Es ist jedoch am besten, wenn Sie irgendwann während dieser ersten Nacht „nackt und unbeschämt" voreinander sind.

4. Bringen Sie ein künstliches Gleitmittel mit. Das ist sehr wichtig.

Reichliche Befeuchtung ist ein Muß für den genußvollen Geschlechtsverkehr. Wenn Sie Ihre Flitterwochen genießen wollen, nehmen Sie irgendeine Gleitcreme mit. Machen Sie reichlich davon Gebrauch, wenn Sie den Genitalbereich liebkosen, besonders die sehr empfindliche Gegend um die Klitoris.

Außerdem sollten Sie ein kleines Handtuch zur Hand haben, um nach der Ejakulation die ausgetretenen Flüssigkeiten (Gleitflüssigkeit und Samenflüssigkeit) abzuwischen.

Wir empfehlen keine Vaginaldusche nach dem Verkehr. Die Samenflüssigkeit, die aus dem Penis austritt, besteht hauptsächlich aus Protein, ähnlich wie Eiweiß, und ist weder schmutzig noch unhygienisch, auch wenn sie einen deutlichen Geruch an sich hat.

5. *Einigen Sie sich im voraus auf Ihre Familienplanungsmaßnahmen.*

Angst vor einer ungewollten Schwangerschaft kann ein ernsthaftes Hindernis für den sexuellen Genuß sein. Entscheiden Sie, ob Sie künstliche, natürliche oder gar keine Mittel zur Familienplanung einsetzen wollen, und treffen Sie dann alle nötigen Vorbereitungen im voraus. Sie müssen gemeinsam erörtern und sich einigen, ob und wenn ja welche Maßnahmen Sie ergreifen wollen. Diese Verantwortung kommt Ihnen beiden zu, und sie sollte während Ihrer Flitterwochen nicht zu Unbehagen oder Unsicherheit führen.

Vielleicht helfen Ihnen die folgenden statistischen Angaben: Untersuchungen haben gezeigt, daß innerhalb von drei Monaten nach dem Beginn des ungeschützten Geschlechtsverkehrs in sechsundsechzig Prozent der Fälle Schwangerschaften eintreten. Innerhalb von sechs Monaten fortgesetzten Verkehrs werden fünfundsiebzig Prozent der Frauen schwanger, und nach einem Jahr sind etwa achtzig Prozent schwanger.

6. *Treffen Sie Vorbereitungen für eine schmerzfreie erste sexuelle Erfahrung.*

Fünfzig Prozent aller Frauen empfinden beim ersten Geschlechtsverkehr Schmerz; zwanzig Prozent sagen, sie hätten keine Schmerzen; und dreißig Prozent empfinden starke Schmerzen. Die Ursache dieser unangenehmen Empfindungen ist das Jungfernhäutchen – eine ringscheibenförmige Membran, die die untere Öffnung zur Scheide umgibt, ohne sie ganz zu bedecken. Manchmal werden Mädchen ohne Jungfernhäutchen geboren, so daß seine Abwesenheit nicht unbedingt auf den Verlust der Jungfernschaft schließen läßt. In anderen Fällen ist es so zäh und widerstandsfähig, daß ein Arzt bei der Vaginaluntersuchung voraussehen kann, daß der erste Geschlechtsverkehr für diese Frau äußerst schmerzhaft sein wird.

Bei einer Jungfrau hat die Öffnung im Jungfernhäutchen für gewöhnlich einen Durchmesser von etwa zweieinhalb Zentimetern, doch für den Geschlechtsverkehr ist ein Durchmesser von dreieinhalb bis vier Zentimetern notwendig. Das bedeutet, daß die Öffnung der Scheide vorher gedehnt werden sollte, damit sie nicht schmerzhaft einreißt, wenn der Ehemann versucht, seinen Penis einzuführen. Ein Arzt kann diese Erweiterung der Scheidenöffnung vornehmen, wenn die Patientin ihn darum bittet; oder die Frau selbst kann während zwei bis vier Wochen vor der Hochzeit jeden Tag einige Augenblicke darauf verwenden, die Öffnung zu dehnen (unserer Ansicht nach die beste Möglichkeit); oder aber der Bräutigam kann instruiert werden, wie er es in der Hochzeitsnacht tun kann.

Auf folgende Art und Weise kann die Scheidenöffnung gedehnt werden:

Beginnen Sie, indem Sie einen reichlich mit Gleitcreme befeuchteten Finger in die Scheide einführen und kräftig, aber langsam hineindrücken. Wenn Sie einen Finger vollständig einführen können, versuchen Sie es mit zwei gut befeuchteten Fingern und pressen Sie kräftig einwärts und abwärts.

Wenn der Ehemann die Scheidenöffnung in der Hochzeitsnacht zu dehnen versucht, kann er sodann die Spitzen von drei gut mit Gleitcreme befeuchteten, keilförmig angeordneten Fingern einführen. (Seine Fingernägel müssen kurzgeschnitten und glattgefeilt sein.) Stecken Sie die Fingerspitzen in die Scheidenöffnung und drücken Sie sie kräftig, aber langsam hinein. Es kann fünfzehn bis zwanzig Minuten dauern, bis Sie alle drei Finger vollständig eingeführt haben, wobei Sie sie immer nur wenige Millimeter auf einmal bewegen sollten.

Dieses Vorgehen wird dazu führen, daß die Scheidenöffnung sich dehnt (und möglicherweise sogar winzige Risse bekommt). Sollte es zu einer kleinen Blutung kommen, erschrecken Sie nicht. Suchen Sie nach der genauen Stelle der Blutung, nehmen Sie ein kleines Stück Papiertuch, und drücken Sie es einige Augenblicke lang fest an. Auf diese Weise können Sie die Blutung stillen. Sollte es beim Geschlechtsverkehr zu weiteren kleinen Rissen und Blutungen kommen, können Sie sie auf die gleiche Weise stillen, indem Sie ein Stück Papiertuch fest auf die genaue Stelle drücken. Das Papiertuch kann ungefähr zwölf Stunden lang dort bleiben und dann durch Aufweichen in warmem Wasser gelöst werden, um neue Blutungen zu vermeiden. Am nächsten Tag kann der Geschlechtsverkehr wieder beginnen.

Nach diesem Dehnungsprozeß liegt der größte Teil des verbleibenden Jungfernhäutchens sichelförmig an der Rückseite der Scheidenöffnung. Beachten Sie, daß es weitaus weniger hinderlich ist, wenn die Frau ihre Beine flach auflegt. Falls der Mann Schwierigkeiten hat, seinen Penis einzuführen, versuchen Sie es mit der folgenden speziellen Position.

Die Frau liegt mit zwei Kissen unter der Hüfte auf dem Rücken und legt die Beine möglichst flach, damit das Jungfernhäutchen die Scheidenöffnung so wenig wie möglich bedeckt. Der Mann wendet sich ihr zu und nähert sich direkt von oben, so daß der Penis beim ersten Kontakt fast senkrecht steht. Nachdem er den Bereich um die Scheidenöffnung herum und die Spitze seines Penis reichlich mit Gleitcreme befeuchtet hat, placiert er diesen an die Vorderseite der Scheidenöffnung, schiebt ihn fast senkrecht hinab und versucht dabei, an dem elastischen Jungfernhäutchen vorbeizugleiten. Sobald der Penis in die Scheide eindringt, sollte die Frau langsam und schrittweise die Knie anheben, soweit es ihr eventuelles Unbehagen zuläßt. An diesem Punkt wird der Mann mit dem Penis nicht weiter eindringen, sondern seine Frau ihr Becken aufwärts und vorwärts gegen den teilweise eingeführten Penis schieben lassen.

Nur im äußersten Notfall, wenn es zu außerordentlich

starken Schmerzen kommen sollte, kann die Scheidenöffnung mit einer anästhetischen Salbe behandelt werden, besonders an der dem After zugewandten Seite. Falls Ihr Arzt Sie auf eine ungewöhnlich enge Scheidenöffnung hinweist, sollten Sie ihn vorsorglich nach einem solchen Medikament fragen.

Für viele von Ihnen mögen diese Maßnahmen überflüssig klingen, aber in manchen Fällen kommen Schmerzen in der Hochzeitsnacht vor, und nicht selten hat das über Jahre hinweg Auswirkungen auf die sexuelle Beziehung des Paares. Hin und wieder kommen Patienten zu uns in die Wheat-Klinik, nachdem sie wegen einer schmerzhaften ersten Erfahrung monate- oder gar jahrelang der sexuellen Begegnung aus dem Weg gegangen sind. Bis sie endlich den Weg zu uns finden, hängt ihre Ehe schon am seidenen Faden.

Meistens entsteht der Schmerz durch ein zu schnelles Eindringen, das den Muskeln rund um die Scheide keine Zeit läßt, sich zu entspannen. Beim ersten Geschlechtsverkehr sollte der Mann nicht danach streben, seine Frau mit dem Penis in der Scheide zum Orgasmus zu bringen. Dadurch wird ihr Schmerz und ihr Unbehagen oft nur noch stärker. Nachdem der Penis eingeführt ist, sollte der Mann schnell zum Orgasmus kommen, dann seinen Penis herausziehen und mit den Fingern behutsam die Klitoris seiner Frau stimulieren, um sie zum Orgasmus zu bringen.

Wenn der Ehemann seiner Frau in dieser besonderen Zeit zärtliche, liebevolle Fürsorge zukommen läßt, wird er dadurch in ihr eine Haltung des Vertrauens wecken, so daß sie sich in den folgenden Wochen vollkommen entspannen und seine Liebe genießen kann.

Ein weiteres Problem, das während Ihrer Flitterwochen auftreten kann, sofern die Schleimhäute in der Vagina nicht ausreichend Feuchtigkeit für den Penis absondern, ist eine Quetschung der Harnröhrenmündung. (Diese Öffnung befindet sich etwa einen bis anderthalb Zentimeter oberhalb der Scheidenöffnung und ist völlig getrennt von ihr.) Die Harnröhre verläuft unterhalb des Schambeins und kann durch die Stoßbewegungen des Penis leicht gequetscht werden, falls der Penis und die Scheide nicht ausreichend befeuchtet sind.

Eine solche Quetschung verursacht eine Blasenentzündung, die gemeinhin „Flitterwochen-Zystitis" genannt wird. Sie ist gekennzeichnet durch Schmerzen im Blasenbereich, Blut im Urin und starkem Brennen beim Wasserlassen. Die Entzündung und die Schmerzen vergehen schneller, wenn die Frau ihre Flüssigkeitsaufnahme steigert und sich vom Arzt entsprechende Medikamente verordnen läßt.

Fast alle Entzündungen des Harntraktes bei Frauen treten innerhalb von achtundvierzig Stunden nach dem Geschlechtsverkehr ein. Daher ist es wichtig, innerhalb weniger Minuten nach dem Verkehr Wasser zu lassen, denn der Urin ist steril. So reinigt das Ablassen des Urins die Harnröhre von Bakterien, die sonst zu Entzündungen führen könnten.

7. Machen Sie sich keine Gedanken über Ihren Mangel an Erfahrung.

Wir sind noch nie einem Paar begegnet, daß auf Grund mangelnder Erfahrung Probleme in seinem Sexualleben hatte. Im Gegenteil, einige der Paare, die eine erfüllende Beziehung genießen, kamen vor ihrer Hochzeit zu uns in die vorbereitende Beratung, weil sie sich entschieden hatten, bis zur Ehe zu warten. Ihre Freude aneinander wurde nicht durch vergangene Erfahrungen verwässert, und sie hatten die Freiheit, alles zu entdecken, was Gott in der Ehe für diejenigen bereithält, die auf seine Zeit warten. Was man für die Hochzeitsnacht braucht, ist nicht Erfahrung, sondern gute Information.

Nun wollen wir uns an alle Paare wenden, die jung verheirateten und die, die erst noch heiraten wollen.

GEHEIMNISSE DER
SEXUELLEN ERFÜLLUNG

Wenn Sie so sind wie die meisten Paare heute, dann sind Sie begierig danach, alles Schöne zu erleben; Ihre Erwartungen sind hoch. Wenn Ihnen Ihre sexuelle Beziehung nicht die Erfüllung bringt, die Sie sich wünschen, werden Sie sie als ein Problem betrachten und nach einer Lösung suchen. Das stille Ausharren und die Versuch-und-Irrtum-Methoden Ihrer Eltern und Großeltern sind nichts für Sie! Wir halten das für eine positive Entwicklung, denn wir wissen, daß eine befriedigende sexuelle Nähe die bemerkenswerte Macht hat, eine Ehe zu erneuern, zu erfrischen und zu tragen.

In diesem Abschnitt wollen wir Ihnen sieben wertvolle Geheimnisse der sexuellen Erfüllung verraten. Denken Sie daran, daß Geheimnisse Dinge sind, die anderen entweder verborgen bleiben oder die ihnen nicht leicht verständlich sind. Obwohl „Sex" das Lieblingsthema der westlichen Welt zu sein scheint und in den Medien so erschöpfend behandelt wird, daß mancher sich fragt, wie dabei überhaupt noch irgend etwas verborgen bleiben kann, sind in Wahrheit Ehefrauen und Ehemänner heute so frustriert wie eh und je über ihre Unfähigkeit, einander sexuell zufriedenzustellen. Aber das muß nicht so sein! Zu uns kommen viele verstörte Menschen mit sexuellen Problemen, die hätten vermieden werden können, wenn diese Leute zu Beginn ihrer Ehe die folgenden Ratschläge gekannt und angewendet hätten.

1. VERGESSEN SIE DIE VERGANGENHEIT

„Wie eine Lilie unter den Dornen, so ist meine Freundin unter den Mädchen" (Hld. 2,2).

Gerade heute, wo so viele Menschen in eine zweite Ehe gehen oder vor ihrer Ehe anderweitige sexuelle Erlebnisse hatten, ist dies ein entscheidender Punkt. Ein Partner ist vielleicht in Versuchung, Vergleiche anzustellen. Oder der andere ist in Versuchung, eifersüchtig zu werden, oder er wird von der Vorstellung verfolgt, wie der geliebte Partner einen anderen liebt. Beides kann zu großer Not und zu einem Zusammenbruch der sexuellen Beziehung führen.

Es ist schwieriger, das Ein-Fleisch-Sein zu verwirklichen, wenn Sie vor Ihrer Ehe mit anderen Personen sexuelle Beziehungen hatten. Seien Sie also gewarnt, daß dies ein Bereich des Lebens ist, in dem Erfahrungen eher hindern als helfen. Der beste Weg, um in einer neuen Ehe mit früheren sexuellen Erfahrungen fertigzuwerden, ist folgender: Vergessen Sie sie, und machen Sie es sich zur Disziplin, nie wieder an die Beziehung oder die Person zu denken; erörtern Sie sie niemals, unter keinen Umständen, mit Ihrem Partner. Wenn diese Erfahrungen überhaupt erwähnt werden müssen, achten Sie darauf, nicht in Einzelheiten zu gehen – denn die würden für Ihren Partner besonders schwer zu vergessen sein. Tun Sie, was Sie können, um Ihr negatives Potential zu überwinden, indem Sie Ihren Partner in jeder Hinsicht lieben, nicht nur sexuell.

Lernen Sie von dem Bräutigam im Hohelied Salomos, der so weise und liebevoll war, seiner Braut zu versichern, daß sie einmalig und vollkommen für ihn sei; daß sie lieblich wie eine Lilie sei und alle anderen Frauen nur Dornen im Vergleich zu ihr.

Bitten Sie Gott, Ihnen zu helfen, Ihre vergangenen sexuellen Erfahrungen zu vergessen und in Ihrer Ehe ganz neu anzufangen. Es ist leichter, das Zurückliegende zu vergessen, wenn wir uns nach dem ausstrecken, was vor uns liegt, und darauf unser ganzes Herz und unsere Kraft setzen. Verströmen Sie also Ihr Leben in die Liebe zu Ihrem Partner, und verwenden Sie keine emotionale Energie an Dinge und Personen der Vergangenheit. Gott wird treu sein und seinen Teil tun: „... Seine Barmherzigkeit hat noch kein Ende, sondern sie ist alle Morgen neu, und deine Treue ist groß" (Klagelieder 3,22-23).

116

2. Entwickeln Sie sich zu einem Fachmann in Sachen Liebe

„Seine Linke liegt unter meinem Haupte, und seine Rechte herzt mich" (Hoheslied 2,6).

Es stimmt zwar, daß ein Meister in der Liebestechnik allein nicht viel für Ihr Liebesleben ausrichten kann, aber es gibt doch einige Dinge, die jeder Ehemann wissen sollte, um seine Frau zu einer befriedigenden sexuellen Entspannung zu bringen.

1. Die Klitoris ist der Auslöser des weiblichen Verlangens.

Männer meinen manchmal, die größte sexuelle Sensibilität sei in der Scheide angesiedelt, aber das stimmt nicht. Die Klitoris ist der empfindlichste Punkt für die sexuelle Erregung, und sie hat auch, soweit bekannt ist, keine andere Funktion. Eine ausreichende körperliche Stimulation der Klitorisgegend wird bei fast allen Frauen zum Orgasmus führen, wenn auch das Vorspiel und die emotionale Erregung ausreichend vorhanden waren.

Es ist wichtig, genau zu wissen, wo sich die Klitoris der Frau befindet. Die Klitoris, die ungefähr zweieinhalb Zentimeter lang ist, wird von der Spitze der inneren Schamlippen (labia minora) eingeschlossen und reicht aufwärts bis ans Schambein. Am äußeren Ende der Klitoris sitzt die Glans clitoridis, ein kleiner, runder Körper von der Größe einer Erbse. Diese Glans ist teilweise von einer Schleimhautfalte überzogen.

Während der sexuellen Erregungsphase, in der ein ständiger körperlicher Kontakt mit der Klitoris bestehen sollte, vergrößern und verfestigen sich die Schwellkörper der Klitoris. Diese vergrößerten Schwellkörper können Sie ertasten, indem Sie behutsam Ihre gut befeuchteten Fingerspitzen daran legen. Wenn Sie Ihre Finger über dem Schwellkörper hin und her bewegen, fühlt es sich an, als ob Sie über ein sehr dünnes Telefonkabel rollen. Geduldige, liebevolle, sanfte, einfühlsame Stimulation der Klitoris wird fast jede Frau innerhalb von zwanzig Minuten zum Orgasmus bringen. Wenn der Orgasmus näherrückt, sollte das Tempo der Stimulation gesteigert werden. Hüten Sie sich vor zu starker Stimulation der Glans, da sie leicht überreizt werden kann. Sie ist ein super-empfindlicher Punkt! Die Frau sollte liebevoll die Hand ihres Mannes führen, um ihm zu zeigen, welche Stelle am empfänglichsten für die Berührung ist und wie stark und wie schnell sie stimuliert werden möchte. Das gehört zu dem Lernprozeß der körperlichen Kommunikation.

Denken Sie daran: Die Klitoris muß immer entweder direkt oder indirekt stimuliert werden, damit die Frau zum Orgasmus kommen kann. Der körperliche Vorgang des Orgasmus ist derselbe, ob er nun durch Stimulation der Klitoris oder durch Geschlechtsverkehr erreicht wird, bei dem die Klitoris ja auch durch die Bewegung des Penis entlang der kleinen Schamlippen und der Hautfalte über der Glans stimuliert wird. Gewisse Positionen machen es auch möglich, daß der untere Teil des Penis sich beim Verkehr an der Klitoris reibt und den Orgasmus herbeiführt. Wenn die Frau die sexuelle Entspannung erfährt, breitet sich die angenehme Empfindung durch das ganze Becken hindurch und insbesondere in der Scheidenöffnung aus. Doch der Auslösepunkt des Orgasmus ist immer die Klitoris.

Männer sollten auch wissen, daß ein tiefes Eindringen des Penis in die Scheide keine Auswirkungen auf den Genuß ihrer Frau hat. Die Größe des erigierten Penis hat fast nichts damit zu tun, wie sehr beide Partner den Geschlechtsverkehr genießen, da nur die vorderen fünf Zentimeter der Scheide aus Gewebe bestehen, das durch Druck von innen stimuliert wird. Die sexuelle Sensitivität der Scheide hängt größtenteils von der Kontraktion der Scheidenmuskulatur ab, wenn sie den Penis umklammert, weniger davon, daß sie durch ein größeres Objekt in der Scheide gedehnt wird. Während der Plateau-Phase der Erregung vor dem Geschlechtsverkehr schwillt der untere Teil der Scheide so an, daß der Durchmesser des äußeren Drittels der Scheide sich um bis zu fünfzig Prozent verkleinert, um den Penis zu umklammern.

Das Hohelied Salomos beschreibt die ideale Position für die Stimulation. „Seine Linke liegt unter meinem Haupte, und seine Rechte herzt mich", sagt die Braut. Das hebräische Wort, das hier mit „herzen" übersetzt wird, bedeutet normalerweise liebevoll umarmen, durch sanftes Streicheln liebkosen oder stimulieren. In dieser Position liegt die Frau mit bequem gespreizten Beinen auf dem Rücken, und der Mann liegt rechts neben ihr, mit dem linken Arm unter ihrem Hals. Auf diese Weise kann er ihre Lippen, ihren Hals und ihre Brüste küssen und hat gleichzeitig die rechte Hand frei, um ihre Genitalien zu liebkosen und insbesondere die Klitoris zu stimulieren. Manchmal kann das bei der Frau zum Orgasmus führen, bevor der Penis eingeführt wird. Manchmal erreichen beide den Orgasmus gleichzeitig. Falls die Frau die Entspannung noch nicht erreicht hat, bevor oder während der Mann seinen Orgasmus erlebt, sollte er sie hinterher zur Entspannung bringen, indem er mit der Hand die Klitoris stimuliert.

2. *Nach dem Vorspiel kann der Mann innerhalb von weniger als drei Minuten den Orgasmus erreichen; die Frau dagegen benötigt im Durchschnitt dreizehn Minuten. Ein guter Liebhaber ist sich dieses Unterschiedes bewußt und stellt sich darauf ein.*
Wenn Sie sich die Reaktionskurven ansehen, haben Sie die vier Phasen des sexuellen Erlebens vor sich, und Sie werden auch bemerken, wie unterschiedlich die Reaktionen von Mann und Frau in ihrem zeitlichen Ablauf sind. Der Mann kann lernen, das Timing seiner Reaktion zu kontrollieren, während die Frau lernt, sich im Vertrauen auf ihren Mann und ihren Körper gehen zu lassen. Sie darf sich auf ihre körperlichen Empfindungen konzentrieren und ihrem Mann den Grad ihrer Erregung durch Blicke, Berührungen oder liebevolle Worte mitteilen. Während er ihren Orgasmus durch seine Stimulation herbeiführt, wird sein Orgasmus durch ihre Liebkosungen seiner Genitalien nicht beschleunigt. Statt dessen wirkt ihre Berührung seiner Genitalien besänftigend und beruhigend. Die sehr leichten, sanften Liebkosungen der Frau sollten sich auf die Innen-

Reaktionen des Mannes beim Geschlechtsverkehr

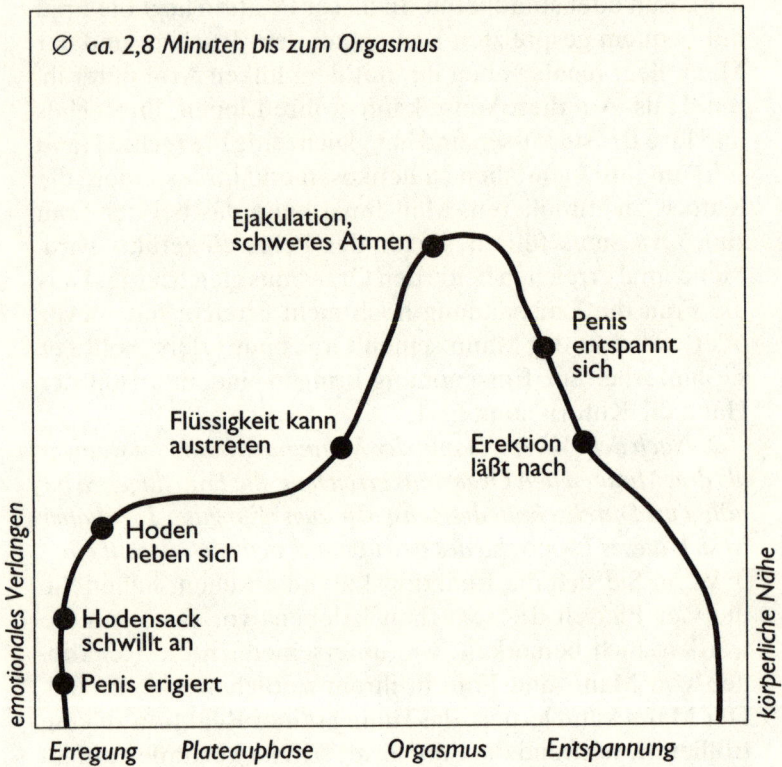

Reaktionen der Frau beim Geschlechtsverkehr

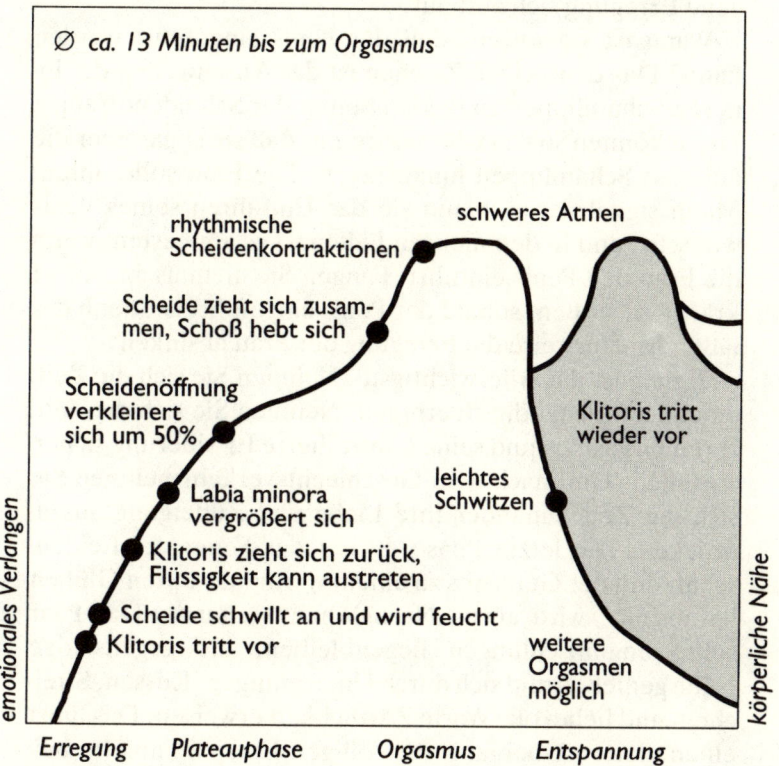

∅ ca. 13 Minuten bis zum Orgasmus

emotionales Verlangen

körperliche Nähe

rhythmische Scheidenkontraktionen

schweres Atmen

Scheide zieht sich zusammen, Schoß hebt sich

Scheidenöffnung verkleinert sich um 50%

Klitoris tritt wieder vor

Labia minora vergrößert sich

leichtes Schwitzen

Klitoris zieht sich zurück, Flüssigkeit kann austreten

Scheide schwillt an und wird feucht

Klitoris tritt vor

weitere Orgasmen möglich

Erregung   Plateauphase   Orgasmus   Entspannung seite der Schenkel, den Hodensack und die Unterseite des Penis konzentrieren. Die Eichel zu liebkosen, wird seine Erregung steigern und kann früher als gewünscht zu einer Ejakulation führen. Indem die Frau die Genitalien ihres Mannes liebevoll streichelt, hilft sie ihm, abzuwarten, bis ihre eigene Erregung sich aufbaut.

Wann ist sie soweit, daß der Penis eingeführt werden kann? Das deutlichste Zeichen ist das Anschwellen der inneren Schamlippen zu beiden Seiten der Scheidenöffnung. Diese können so stark hervortreten, daß sie sogar über die äußeren Schamlippen hinausragen. Die Frau sollte ihrem Mann signalisieren, wann sie das Einführen seines Penis wünscht, und in den meisten Fällen ist es am besten, wenn die Frau den Penis einführt. Fangen Sie niemals an, sofort kräftig zu stoßen, sobald der Penis eingeführt ist, denn das läßt normalerweise die Erregung der Frau absinken.

Timing ist das Allerwichtigste. Nehmen Sie sich die Zeit, einander vollständig zu erregen. Nehmen Sie sich die Zeit, Ihren Orgasmus und seine kontrollierte Erwiderung sicherzustellen. Und nach dem Geschlechtsverkehr nehmen Sie sich die Zeit, einander Ihre Liebe und Zuneigung auszudrücken. Die letzte Phase, in der das Feuer der Leidenschaft und des Genusses zu einem warmen, sanften Glühen herabsinkt, wird auch „Nachglühen" genannt. Das Paar sollte engumschlungen liegenbleiben, die gegenseitige Nähe genießen und sich durch Umarmungen, Küssen, Streicheln und liebevolle Worte Zärtlichkeit erweisen. Das führt einen glatten Übergang zur völligen Entspannung herbei. Es kann fünfzehn Minuten dauern, bis alle körperlichen Anzeichen der Erregung verschwunden sind. Die Erektion eines jungen Mannes kann bis zu einer halben Stunde andauern.

Manchmal wird die Frage gestellt, warum Gott wohl Männer und Frauen so unterschiedlich gemacht hat, was die Zeitspanne betrifft, die sie für die sexuelle Erregung brauchen. Hier ist Dr. Wheats Versuch einer Antwort:

„Wenn eine kurze Erregungsphase für Männer und Frauen ausreichen würde, dann wäre der Sexualakt nicht mehr als ein kurzes, mechanisches Erlebnis. Wenn beide sehr lange Zeit brauchten, um erregt zu werden, wäre das Erlebnis langweilig und monoton. ... Weil Männer und Frauen unterschiedlich sind, hat der Ehemann die Möglichkeit, Selbstbeherrschung zu lernen. Er wird angespornt, seine Phantasie und seinen Erfindungsreichtum spielen zu lassen, um seiner Frau Gutes zu tun. Er hat die Möglichkeit, in der körperlichen Kommunikation Geduld und Sanftheit zu entwickeln, während sie lernt, seine Erregung und Faszination zu schüren. Die Unterschiede zwischen Männern und Frauen geben Gelegenheit zu einem kreativen, interessanten Austausch und bereichern die sexuelle Beziehung in der Ehe."[6]

3. Nähren Sie Ihre Beziehung umfassend

„Fangt uns die Füchse, die kleinen Füchse, die die Weinberge verderben; denn unsere Weinberge haben Blüten bekommen" (Hld. 2,15).

Ihr eheliches Sexualleben stellt, manchmal auf unliebsame Weise, einen Spiegel Ihrer gesamten Beziehung dar, in dem sich sowohl die Vorzüge als auch die Schwächen zeigen. Sie können ihn sich als ein Barometer denken, das steigt oder sinkt, je nachdem, wie Sie in anderen Bereichen Ihrer Ehe miteinander zurechtkommen. Negative Gefühle zeigen sich oft zuerst im Liebesleben.

Wenn Menschen zu uns kommen und über Schwierigkeiten in ihrer sexuellen Beziehung klagen, stellen wir meist fest, daß das Problem seinen Ursprung anderswo hat und schon lange vorher bestand. Jeder ungelöste Konflikt findet früher oder später den Weg ins Schlafzimmer, wo er neue Probleme verursacht. Beispielsweise haben die meisten Fälle von gehemmtem Sexualverlangen, denen wir begegnen, eine grundlegende Ursache: Unterdrückter Zorn, der zu Depressionen und einer kühlen Gleichgültigkeit gegenüber dem Partner führt.

Frauen sind besonders empfindsam gegenüber Faktoren außerhalb des Schlafzimmers. Dr. Helen Kaplan macht darauf aufmerksam, daß „im allgemeinen das sexuelle Verlangen von Frauen variabler ist als das von Männern. Während Frauen ein größeres orgastisches Potential haben, läßt sich andererseits ihre Sexualität auch leichter unterdrücken."[7]

Wissenschaftler haben einen starken Zusammenhang zwischen der Fähigkeit einer Frau, einen Orgasmus zu erreichen, und ihren Gefühlen des Vertrauens gegenüber ihrem Partner festgestellt. Wenn sie sich durch anderweitige Probleme in der Ehe fragen muß, ob sie sich auch wirklich auf ihren Mann verlassen kann, wird das ihre sexuelle Reaktion beeinträchtigen. Wenn sie sich ungeborgen fühlt, weil sie von ihm nicht gehegt und gepflegt wird, ist sie vielleicht nicht in der Lage, sexuelle Entspannung zu erreichen. Da sie den Eindruck hat, sich nicht auf ihn verlassen zu können und allein bestehen zu müssen, hält sie es auch für beinahe unmöglich, ihm im Sexualakt zu vertrauen, sich zu entspannen und sich richtig gehenzulassen.

Der Sexualtrieb eines jungen Mannes hingegen ist so stark, daß nur sehr starke negative Einflüsse sein Verlangen hemmen könnten. Aber das Sexualleben eines Mannes hängt immer mit seinem Gefühl der Männlichkeit und der Selbstachtung zusammen. Wenn seine Frau ihn ständig herunterputzt und ihm zeigt, daß sie ihn nicht respektiert, wird das im Lauf der Zeit seine Fähigkeit beeinträchtigen, nach Sexualität zu verlangen oder sie zu genießen. Es kann sogar so weit kommen, daß er die Fähigkeit zum Sexualakt mit seiner Frau verliert.

Dies sind drei Beispiele für ein Prinzip, das Sie sich merken sollten: Die Art und Weise, wie Sie Ihren Partner im täglichen Leben behandeln, bestimmt seine Empfänglichkeit für Zärtlichkeiten im Schlafzimmer. Positiv betrachtet, heißt das, daß ein glückliches Sexualleben am Abend damit anfängt, wie man sich morgens vor dem Aufstehen aneinanderkuschelt, wie man sich beim Frühstück unterhält, wie man sich zum Abschied küßt und sich das Wiedersehen verspricht. Jede Intimität zwischen Ihnen hat sexuelle Dimensionen, ob Sie sich nun gerade unterhalten oder Frisbee spielen, sich morgens anziehen oder gemeinsam im Garten arbeiten, zusammen kochen oder gemeinsam beten. Das alles gehört zum Liebesspiel dazu.

Wir möchten Sie ermutigen, diese Beziehung zu nähren und dabei besonders auf folgende Bereiche zu achten:

1. Vermeiden Sie jedes Verhalten, das bei Ihrem Partner Zorn und bleibende Verärgerung hervorruft. Versuchen Sie, Konflikte möglichst dann zu lösen, sobald sie sich ergeben haben, und schleppen Sie sie nicht lange herum, ohne sich von einem Pastor oder Seelsorger helfen zu lassen.

2. Ehemann, zeigen Sie Ihrer Frau, wo immer Sie können, daß Sie sie nicht im Stich lassen werden und daß sie in der Geborgenheit Ihrer Liebe und dauerhaften Hingabe sicher und entspannt sein kann. Seien Sie der starke Halt, an den sie sich anlehnen und auf den sie sich verlassen kann. Zeigen Sie ihr, daß Sie sich für jede Einzelheit ihres Wohlergehens interessieren. Das schon kann ausschlaggebend sein für die Fähigkeit Ihrer Frau, völlig auf Sie einzugehen.

3. Ehefrau, denken Sie daran: Wenn die Selbstachtung Ihres Mannes sinkt, weil er das Gefühl hat, daß Sie ihn nicht respektieren, dann wird Ihr gemeinsames Liebesleben unweigerlich darunter leiden. Indem Sie Ihren Mann respektieren und auf seine Führung eingehen, spornen Sie ihn an, der selbstbewußte und feurige Liebhaber zu sein, den Sie sich wünschen.

4. Lernen Sie, immer wie Liebhaber miteinander umzugehen, nicht nur dann, wenn Sie miteinander schlafen. Wenn Sie sich gegenseitig geliebt und angenommen fühlen, werden Sie sexuell auf Empfang bleiben. Dr. Kaplan schreibt: „Liebe ist das beste Aphrodisiakum, das bisher entdeckt wurde."[8]

5. Bitten Sie Gott, Sie auf vernachlässigte Bereiche in Ihrer Beziehung aufmerksam zu machen. (Ehemänner neigen dazu, ihre sexuelle Beziehung unabhängig von den anderen Bereichen zu sehen; Frauen tun das nicht.)

Wenn Sie Ihre gesamte Beziehung ausreichend pflegen, kann Ihr Liebesleben die freudige Bestätigung der Liebe sein, die Sie vierundzwanzig Stunden am Tag miteinander teilen.

4. HALTEN SIE ALLES NEGATIVE AUS IHREM LIEBESSPIEL HERAUS

„Du bist wunderbar schön, meine Freundin, und kein Makel ist an dir" (Hld. 4,7).

Die Verhaltensforscher sagen uns, alles menschliche Verhalten sei darauf ausgerichtet, nach Freude zu streben und Schmerz zu vermeiden. Wenden Sie das auf Ihre sexuelle Beziehung an. Dann werden Sie entdecken, wie wichtig es ist, alles Negative aus dem Schlafzimmer herauszuhalten und Ihr Liebesspiel zu einem rundum wohltuenden Erlebnis zu machen.

Betrachten Sie die Sexualität in Ihrer Ehe als eine Gelegenheit, im wahrsten Sinne des Wortes „Liebe zu machen", Liebe zu erzeugen und aufzubauen. Das geschieht, indem Sie auf eine Weise geben und nehmen, die für Sie beide körperlich und emotional befriedigend ist. Denken Sie daran: Bei allem Reiz sind die entscheidenden Dinge die körperliche und emotionale Nähe und eine positive Reaktion, die nicht Ablehnung und Kritik, sondern Freude signalisiert.

Vergleichen Sie die positiven Worte des Ehemannes aus dem Hohelied Salomos mit den folgenden Beispielen aus dem wirklichen Leben. Ein Ehemann beklagt sich:

„Elizabeths Vorstellung vom Vorspiel ist eine kurze Therapiesitzung, die hauptsächlich aus Kritik an mir besteht. So sollen wir uns dann nahekommen. Normalerweise endet es jedoch damit, daß wir Rücken gegen Rücken einschlafen."[9]

Eine Ehefrau vertraut uns an:

„Mein Sexualleben ist zu einem Alptraum geworden, weil mein Mann im Schlafzimmer ein Diktator ist. George versucht immer, unser Liebesspiel zu kontrollieren. Er will alles auf seine Art, ohne Rücksicht darauf, was ich mag oder wozu ich in der Lage bin. Jetzt will er unbedingt, daß wir gleichzeitig zum Orgasmus kommen! Am liebsten würde ich die ganze Sache einfach vergessen."

Ein Ehemann sagt:

„Ich kann gar nicht glauben, wie Jill mich behandelt, wenn wir miteinander schlafen. Sie fängt an, sich über meine Technik zu beschweren, statt mir einfach zu zeigen, was sie möchte. Oder sie macht Witze – Witze, die mich lächerlich machen. Das tut weh."

Eine Ehefrau fragt:

„Wie kann ich meinen Mann dazu bringen, sich von den Elf-Uhr-Nachrichten loszureißen und ins Bett zu kommen? Ich muß morgens um halb sechs aufstehen, und bis Tom so weit ist, mit mir schlafen zu wollen, ist mit mir nichts mehr los. Seine Selbstsucht tut mir wirklich weh, und sie beeinträchtigt unsere ganze Ehe."

Therapeuten nennen solch negatives Verhalten, das ein befriedigendes sexuelles Erleben verhindert, „sexuelle Sabotage". Die tiefste Verärgerung bei Frauen löst das Gefühl aus, nicht geliebt, sondern benutzt zu werden. Es ist zum Beispiel so, daß ein Mann Verlangen nach Sex verspüren kann, selbst wenn er zornig auf seine Partnerin ist. Einer verärgerten Ehefrau steht der Sinn nach allem anderen. Sie fühlt sich ausgebeutet und empört durch seine Versuche, mit ihr zu schlafen, bevor ihre Beziehung wieder ins Lot gebracht ist. Ein Mann ist am verletzbarsten durch Kritik an seiner Leistung oder, noch schlimmer, durch das Fehlen jeder Reaktion von seiner Frau, das einer Ablehnung gleich-kommt.

Es ist ratsam, auch im Schlafzimmer das biblische Prinzip zu befolgen: „Sei es eine Tugend, sei es ein Lob, darauf seid bedacht" (Phil. 4,8b). Das griechische Wort für „bedacht" ist ein kaufmännischer Ausdruck und bedeutet „etwas zu seinen Gütern zählen". Wenn Sie in Ihrer Haltung und Ein-stellung positiv sind, kann Ihre sexuelle Beziehung eine Liebe widerspiegeln, die den anderen wertschätzt und re-spektiert.

5. GUTE MANIEREN UND TAKT – AUCH IM SCHLAFZIMMER

„Da ist die Stimme meines Freundes, der anklopft: ‚Tu mir auf, liebe Freundin, meine Schwester …'" (Hld. 5,2).

Im folgenden ein denkwürdiger Brief aus der Zeitungsko-lumne der Ratgeberin Abigail Van Buren und ihre noch denkwürdigere Antwort:

> „Liebe Abby: Was würden Sie mit einem Mann machen, der sich weigert, ein Deodorant zu benutzen, selten ba-det und nicht einmal eine Zahnbürste besitzt? – Stinkys Ehefrau.
> Liebe Ehefrau: Absolut gar nichts!"[10]

Sich Ihrem Partner zu nähern, ohne sauber und gepflegt zu sein, das sind einfach schlechte Manieren. Wenn Sie verhei-ratet sind, ist es sinnvoll, abends zu baden oder zu duschen, bevor Sie zu Bett gehen. Gemeinsam zu schlafen ist ein inti-mer Kontakt, selbst wenn Sie nicht „miteinander schlafen". Wenn Sie miteinander schlafen wollen, sollten Sie baden oder duschen, sich rasieren und sich sorgfältig pflegen – so zeigen Sie sowohl Respekt als auch Fürsorge und eine Vor-freude auf die Nähe.

Haben Sie je daran gedacht, alles, was Sie über gute Manieren und Höflichkeit wissen, während Ihrer sexuellen

Begegnungen anzuwenden? Dieses Verhalten dient dazu, Beziehungen zwischen Menschen zu glätten und zu verbessern. Viele sexuelle Probleme rühren daher, daß die „guten Manieren" ignoriert werden. Dabei könnten sie manche der Störungen heilen, die wir behandeln müssen.

Wirklich höfliche Menschen sind im Schlafzimmer warmherzig, freundlich, großzügig und flexibel. Sie nehmen Rücksicht auf die Bedürfnisse und Gefühle des anderen und betrachten die Sexualität mit ihrem Partner nicht als Recht, sondern als Privileg. Höflichkeit besteht aus Takt und Weitblick in bezug darauf, wie das, was Sie sagen oder tun, auf einen anderen Menschen wirken wird. Takt bedeutet behutsames Berühren. Als rücksichtsvoller Liebhaber werden Sie sich Ihrem geliebten Menschen mit dieser „behutsamen Berührung" zuwenden, und Sie werden nicht im Namen der entspannten Intimität achtlos oder grob sein.

6. Teilen Sie die Verantwortung

„Mein Freund ist mein, und ich bin sein ..." (Hld. 6,3). Sexuelle Erfüllung erfordert das gemeinsame Tragen der Verantwortung für jeden Aspekt der Beziehung. Sie beide sind dafür verantwortlich, einander Ihre Bedürfnisse und Wünsche (liebevoll!) mitzuteilen – eben das, was Ihnen in der Liebe am meisten Freude macht. Ebenso sind Sie dafür verantwortlich, einander (taktvoll!) mitzuteilen, was Sie weniger mögen, indem Sie statt dessen etwas anderes vorschlagen.

Sexuelle Kommunikation ist wichtig, aber ebenso wichtig ist es, daß Sie Ihren Teil der Verantwortung für Ihre eigene sexuelle Erregung und Befriedigung übernehmen.

Die Ehefrau sollte erkennen, daß ihr Geist vermutlich der wichtigste Teil ihrer sexuellen Anatomie ist und daß sie sich innerlich auf die Freude vorbereiten muß, indem sie sich romantischen Phantasien über ihren Mann hingibt und die eigene Vorfreude auf das Erlebnis schürt. Sie muß ler-

nen, ihre eigene geistige Konzentrationsfähigkeit zu nutzen, um ihre Stimmung für die körperliche Liebe zu unterstützen und dann ihren Mann anzuleiten, daß er sie körperlich so stimuliert, wie sie es sich für ihren Höhepunkt
wünscht. Sie ist auch dafür verantwortlich, den Sex zu initiieren, wenn sie Verlangen danach hat.

Der Ehemann kann lernen, sich so zu verhalten, daß die
körperliche Intensität und der Genuß seines Orgasmus zunimmt: 1. nach dem Orgasmus mindestens vierundzwanzig
Stunden warten, um dem Körper Zeit zu lassen, mehr Samenflüssigkeit einzulagern; 2. die Vorspiel- und Erregungs-
phasen verlängern, so daß der Penis ungefähr zwanzig Minuten lang erigiert bleiben kann; 3. sich darauf konzentrieren, die Reaktion seiner Frau zu genießen; 4. beim Orgasmus bewußt den Schließmuskel zusammenziehen; und 5.
während des Orgasmus kräftiger stoßen.

Wenn in Ihrer sexuellen Beziehung ein Problem entsteht,
dann müssen Sie gemeinsam die Verantwortung dafür übernehmen. Es ist ein gemeinsames Problem, für das Sie eine
gemeinsame Lösung benötigen; hüten Sie sich also unbedingt davor, sich gegenseitig die Schuld daran zuzuschie-
ben. Denken Sie daran, daß es für jedes sexuelle Problem
eine Lösung gibt, die zu mehr Genuß und emotionaler Befriedigung für beide Partner führen kann.

Denken Sie auch daran, daß Sie die Verantwortung mit
Gott teilen, dem Hochzeitsgast aus dem Hohenlied Salomos, der die Liebenden anspornte, die sexuelle Beziehung,
die er ihnen zugedacht hatte, voll auszukosten. Machen Sie
Ihre Beziehung zu einer Angelegenheit des Gebets. Wenn
sich Probleme ergeben, könnte es notwendig sein, einen
Arzt oder Therapeuten aufzusuchen. Aber die Lösung erfordert auch folgendes:

„... Geduld und Reinheit der Liebe und eine aufrichtige
Zuwendung zu Gott. Wenn ein Paar den Herrn mit gan-
zer Willenskraft sucht, Freude an der christlichen Gemeinschaft hat und sowohl gemeinsam als auch einzeln

Zeit im aufrichtigen Gebet und Bibelstudium verbringt, dann wird es bald feststellen, wie seine Liebe von einem warmen Leuchten und einer geheimnisvollen neuen Energie erfüllt wird, die durch weltliche Mittel niemals zu erlangen wären. Denn wie Gott der Autor der Sexualität ist, so ist er auch ihr Interpret, und seine Therapie ist es, die uns am kostbarsten sein sollte."[11]

7. Ihr Ziel: dem Partner Freude schenken

„Die Liebesäpfel geben den Duft, und an unsrer Tür sind lauter edle Früchte, heurige und auch vorjährige: mein Freund, für dich hab ich sie aufbewahrt" (Hld. 7,14).

Dies ist das größte Geheimnis der sexuellen Erfüllung, das wir Ihnen anbieten können: eine Beziehung aufzubauen, die nicht um das eigene Ich, nicht um die Leistung, ja nicht einmal um die Sexualität selbst kreist, sondern um die *Freude, Ihrem Partner wohlzutun.* In dieser (der besten) Art sexueller Gemeinschaft lernt jeder, den anderen zufriedenzustellen; jeder versucht, den anderen darin noch zu überbieten; und für jeden ist es der höchste Genuß, die ekstatische Antwort des anderen darauf zu sehen.

Wenn zwei Menschen es genießen, sich bei der sexuellen Begegnung auf ihren Partner zu konzentrieren, dann wird ihr Liebesspiel niemals eintönig, langweilig oder mechanisch werden. Wenn Sex so routinemäßig ist wie das Zähneputzen oder so mechanisch wie das Einwerfen eines Briefes, dann ist das ein Signal für eine sterbende Beziehung. Sie läßt sich wiederbeleben, wenn beide den Schwerpunkt auf die Freude des Partners legen. Zeichen von Lebendigkeit sind Spontaneität und Einfühlsamkeit füreinander.

Bei dieser Konzentration auf den Partner kommt es auf Ihre Motivation an, denn Sie werden Ihren Partner sorgfältig studieren müssen, um zu lernen, was in ihm/ihr Genuß oder Abneigung auslöst. Für die ausdrücklichen oder stillschweigenden Bedürfnisse und Wünsche Ihres Partners empfindlich zu werden bedeutet, daß Sie diesem Menschen mit Ihrem ganzen Wesen zuhören. Dazu gehört, daß Sie seine Körpersprache lesen, auf das kleinste Wort, die kleinste Geste achten und herausfinden, was sie bedeuten. Geben Sie sich liebevolle Mühe, die Wünsche Ihres Partners zu entdecken und herauszufinden, was ihm wohltut. Spüren Sie heraus, was Ihr Partner mag und was er nicht mag, welche Stellen an seinem/ihrem Körper besonders erogen sind und wie Sie in dem gegebenen Moment am ehesten eine Reaktion auslösen.

All dies erfordert, daß Sie sich Zeit füreinander nehmen und die Entscheidung treffen, Ihrem Ehebett eine hohe Priorität einzuräumen. Da Sie wissen, daß schlichte Erschöpfung durch harte Arbeit, einen vollen Terminkalender, kleine Kinder oder zu viele gesellschaftliche Anlässe Ihr sexuelles Interesse mindern wird, müssen Sie beide einen Lebensstil finden, der eine solche Erschöpfung verhindert und Ihre besten Zeiten und Kräfte füreinander reserviert.

Stellen Sie sich diese auf den Partner konzentrierte Sexualität nicht als „Opfer“ vor. Sie büßen dabei nichts an Genuß ein. Sich darauf zu konzentrieren, Ihrem Partner Freude zu machen, ist ein angenehmes „Opfer“, das am Ende überhaupt kein „Opfer“ ist, weil es so reich belohnt wird! Es läßt sich nicht beschreiben, welche Wonne es auch für Sie ist, wenn Ihr Partner völlig auf Sie „abfährt“ und Ihre Liebe genießt.

Auf den Partner konzentrierte Sexualität ist positiv, entspannt, genußvoll, romantisch, körperlich befriedigend und emotional erfüllend. Als Partner in einer solchen Beziehung werden Sie lernen, genauso sorgsam mit Ihrer Beziehung umzugehen, wie Sie mit allem umgehen würden, das explosiv wunderbar sein kann, aber auch explosiv schädlich, wenn es falsch behandelt wird. Ja, es ist riskant, sich verwundbar zu machen. Aber dieselbe Offenheit, die Sie verwundbar für Schmerz macht, ist auch der Preis der Freude. Mehr noch, sie ist eine Voraussetzung für das wirkliche Einssein in der Ehe.

Eine sexuelle Erfüllung, die Sie beide in der dauerhaften Beziehung der Ehe aneinander bindet, beinhaltet die folgenden Elemente: die Gewißheit, angenommen und begehrt zu sein; das Wohlgefühl, das aus intimer körperlicher und emotionaler Nähe entsteht; die sinnlichen Freuden liebevoller Liebkosungen und das wunderbare Gefühl, nach Gottes Plan „ein Fleisch" zu sein.

Eine spezielle Erinnerung, die Besonderheit und Intensität einer
bestimmten Art in einem mancherlei bestehenden, verbleibt die ...
hinlängliche Hinsicht, die ... ... Erinnerung ... ...
... in ... ... gegen das ... ... teilweise ...
... mancherlei oder ... ... und ... ...
... ... sollten ... ...
... ...

WARNSIGNALE:
„NIE UND NIMMER"

In dieser Zeit, in der die Devise gilt: „Ich will alles, und zwar sofort", in der Experten in Nachrichtensendungen dazu aufgefordert werden, ihre Lösung für ein drängendes Weltproblem „in den fünfzehn Sekunden, die uns noch bleiben", zusammenzufassen, bieten wir Ihnen an dieser Stelle für Ihre junge Ehe auch so etwas wie einen „Beinahe-Instant-Ratschlag" an.

Wir haben für Sie eine Liste von Stichworten zusammengestellt, mit denen der Verlust buchstabiert wird (nicht die Liebe): der Verlust von Glück, der Verlust von Frieden, der Verlust aller guten Dinge, die Sie sich von Ihrer Ehe erhofften. Es heißt, daß die meisten Leute heiraten, um Sex zu haben, Geborgenheit zu erfahren und der Einsamkeit zu entgehen. Wenn Erscheinungen aus der folgenden Liste in Ihrer Ehe wirksam werden, dann werden Ihre Freude an der Sexualität und Ihr Gefühl der emotionalen Geborgenheit zerstört werden. Wenn Sie nichts dagegen tun, kann das dazu führen, daß Sie in Ihrer Beziehung einsamer werden, als Sie es je als „Single" waren.

Wir nennen diese Liste das „Nie und nimmer", weil diese Erscheinungsformen Ihnen nie und nimmer Glück einbringen können. Aber indem Sie sie verstehen, meiden und durch positive Einstellungen und Verhaltensweisen ersetzen, können Sie Ihre Liebesbeziehung schützen und Ihre Freude daran steigern.

Diese Liste hat ihr Vorbild im Buch der Sprüche im Alten Testament, einem Buch, in dem eine Reihe von bedeutsamen, in bemerkenswert knappen Worten verdichteten Lebensregeln niedergelegt ist. Unsere Regeln sind zwar wortreicher und weniger genial, aber sie sind dennoch auf die biblische Wahrheit gegründet. Sie sollen als Warnzeichen dienen, wenn Sie das Gefühl haben, daß Ihre Beziehung in die falsche Richtung läuft.

EHEBRUCH

Sexueller Verkehr mit jemand anderem als Ihrem Ehepartner.

Dies ist einer der drei tödlichen Zerstörer in der Ehe. Ehebruch erschreckt das Herz und zerstört die Versorgungsleitung des Vertrauens, aber er befreit Sie nicht von Ihrem Eheversprechen. Nur die Heirat mit einem anderen Partner löst den Ehebund auf. Eine christliche Ehe kann wiederhergestellt und geheilt werden, selbst wenn sie von Untreue verletzt worden ist. Gott sagt, daß Ehebruch schwere Konsequenzen nach sich zieht. Lesen Sie Sprüche 5 und 1. Korinther 6,9-20.

ZORN

Unbeherrschte oder ungelöste Gefühle von Feindschaft, ausgedrückt in Wutanfällen, verletzenden Worten, Schmollen oder eisigem Schweigen und Ignorieren des anderen.

Unbeherrschter, ungelöster Zorn zerstört die Liebe und bringt Bitterkeit und Depressionen hervor. Er stellt einen unwirksamen Weg dar, Meinungsverschiedenheiten zu lösen. Gehen Sie niemals zornig zu Bett, d. h. lassen Sie niemals einen Streit bis in den nächsten Tag hinein dauern. Bleiben Sie auf und reden Sie, bleiben Sie auf und beten Sie. Lösen Sie Ihren Konflikt, und gehen Sie erst zu Bett, wenn Ihre Nähe zueinander wiederhergestellt ist. In Sprüche 17,14 heißt es, daß ein Streit anfängt wie ein kleines Loch in einem Damm, das ein winziges Rinnsal hindurchläßt. Doch wenn das Loch nicht verschlossen wird, vergrößert es sich, und eine zerstörerische Flut bricht sich Bahn. Das Problem besteht nicht in dem Zorn selbst, sondern darin, daß man nicht biblisch damit umgeht und ihn durch gegenseitige Vergebung verarbeitet. Lesen Sie Epheser 4 und 5.

BITTERKEIT

Zorn, der solange nach innen gekehrt wird, bis er Wurzeln schlägt und alle möglichen Probleme und Schmerzen verursacht, bis hin zu einer Schädigung der körperlichen Gesundheit.

Dieser zweite tödliche Zerstörer der Ehe entsteht daraus, daß man sich beharrlich weigert, dem Partner zu vergeben. Er quält sowohl Sie selbst als auch Ihren Partner, wütet im Verborgenen und blockiert jeden Versuch, echte Intimität aufzubauen. Da die Bitterkeit unter der Oberfläche wirkt, wird sie oft nicht erkannt, bis es fast zu spät ist. Bitterkeit läßt sich nur durch die Vergebung beseitigen, die Jesus Christus möglich macht. „Vergeben heißt, einen Gefangenen zu befreien und zu entdecken, daß man selbst der Gefangene war." Lesen Sie Hebräer 12,14f.; Epheser 4,31 und Kolosser 3,19.

VERÄNDERUNG

Etwas, wozu Sie Ihren Partner nicht zwingen können, und es wäre besser, wenn Sie es nie versuchten.

Sie können niemals das Verhalten eines anderen Menschen ändern, aber Sie können Voraussetzungen schaffen,

durch die dieser Mensch motiviert wird, sich zu verändern –
und sich die Kraft zur Veränderung vom Herrn schenken zu
lassen. Vergessen Sie niemals die positiven Auswirkungen
der bedingungslosen Annahme. Lesen Sie Römer 5 und 6
und natürlich das Hohelied Salomos.

KONFLIKTE

Unvermeidlich, wenn zwei Menschen lernen, ihr Leben
miteinander zu teilen, aber wenn man nicht richtig mit ihnen umgeht, können sie eskalieren und die Ehe in eine Ka-
tastrophe führen.

Im wesentlichen gibt es vier Möglichkeiten, mit einem
Ehekonflikt umzugehen:

1. Das *Chaos-Prinzip,* bei dem Mann und Frau Tag und
Nacht aneinandergeraten und unaufhörlich streiten oder es
schließlich aufgeben und jeder seiner Wege geht. Die Folge
ist, daß Anarchie in der Ehe regiert.

2. Das *Machtkampf-Prinzip,* bei dem am Ende einer „ge-
winnt" und der andere „verliert". In einem Machtkampf
konzentriert sich der gesamte Angriff auf einen Punkt, um
maximalen Druck auf die Verteidigung auszuüben. Wenn
das in einer Ehe geschieht, verlieren beide. Einer domi-
niert, der andere rächt sich durch passiv-aggressives Verhalten oder tiefe Ressentiments.

3. Das *Feilsch-Prinzip,* bei dem Konflikte nach dem
Motto *quid pro quo* (gibst du mir dies, geb ich dir das) gelöst
werden. Das ist zwar besser als Chaos, aber es beruht auf einem selbstsüchtigen Beharren auf den eigenen Rechten,
wenn auch auf zivilisierte Art und Weise.

4. Das *Prinzip der Barmherzigkeit,* das nur von Christen
verstanden und angewendet werden kann. Es orientiert
sich an der Barmherzigkeit, mit der Gott uns in Jesus Christus behandelt, die großzügig gibt und nicht auf Feilschen
und das Wahren von Rechten aus ist. Gnade heißt, eine

großzügige Gunst bedingungslos zu erweisen. Lesen Sie Epheser 2,4-9 und Römer 6,14.

KRITIKSUCHT

Die schlechte Gewohnheit, negative Ansichten über das Aussehen, das Verhalten, die Persönlichkeit und die Lebensentscheidungen Ihres Partners zu bilden und auszudrücken.

Dieser Punkt wirkt auf den ersten Blick relativ harmlos, vielleicht sogar unter bestimmten Voraussetzungen „konstruktiv". Doch in negativer Kritik steckt das Potential, den langsamen, schmerzlichen Tod einer Liebesbeziehung herbeizuführen: Wenn Kritiksucht sich ungehindert breitmachen kann, dann stirbt die Liebe zentimeterweise. Kritiksucht ist der dritte tödliche Zerstörer der Ehe und sollte durch Ermutigung und Auferbauung ersetzt werden. Lesen Sie 1. Petrus 4,8; Römer 14,19 und 15,2; 1. Thessalonicher 5,11 und 1. Korinther 8,1.

SCHULDEN

Die Gewohnheit, mehr auszugeben, als Sie einnehmen, sich auf Darlehen und Kreditkarten zu verlassen und zu hoffen, daß Sie in der Zukunft genug verdienen werden, um das zu bezahlen, was Sie heute verbrauchen.

Zwei Prinzipien können die katastrophalen Folgen dieses Verhaltens abwenden: Entscheiden Sie sich, kein Geld auszugeben, das Sie nicht besitzen, und vertrauen Sie Gott, für Ihre Bedürfnisse zu sorgen, anstatt sich auf Kredite zu verlassen. Übermäßiger finanzieller Druck ist ein Schlüsselfaktor bei der Mehrzahl der Scheidungen heutzutage. Lassen Sie sich persönlich finanziell beraten, und entwickeln Sie eine biblische Einstellung zu Geld und Besitz. Wenn beide Ehepartner arbeiten müssen, können die folgenden Richtlinien eine Hilfe sein:

1. Richten Sie es so ein, daß Sie beide zur selben Zeit frei haben.
2. Wohnen Sie so nahe an Ihrem Arbeitsplatz wie möglich; reduzieren Sie die Fahrzeit.
3. Suchen Sie sich beide eine Anstellung in derselben Gegend.
4. Machen Sie sich klar, daß das zusätzliche Geld die Tatsache, daß Sie niemals mehr zusammen sind, nicht aufwiegen kann.
5. Sprechen Sie miteinander über Ihre Arbeit.
6. Zeigen Sie Respekt vor den Fähigkeiten und der anstrengenden Arbeit des anderen.
7. Machen Sie Ihren Partner nicht eifersüchtig.
8. Sorgen Sie finanziell vor für die Zeit, wenn Sie eine Familie gründen wollen und die Frau zu Hause bleiben will.
9. Vermeiden Sie Schulden für Anschaffungen.

Lesen Sie Psalm 112,5; Sprüche 3,5-10, 15,16 und 16,8; Matthäus 6,19-34; Lukas 12,15-21; 2. Korinther 9,6-15; Philipper 4,19 und 1. Timotheus 6,6-11.

DAS FEHLEN VON LOYALITÄT

Die schädliche Angewohnheit, Ihren Partner in Gesprächen mit Freunden und Verwandten zu kritisieren oder zuzulassen, daß sie Ihren Partner kritisieren.

Die Worte, die Sie aussprechen – oder hören – haben die Macht, negative Gedanken zu verstärken oder Ihre Einstellung gegen den Menschen zu prägen, mit dem Sie doch in Körper, Verstand, Herz und Geist *eins* sein wollen. In seinem Buch *Learning to Live with the People You Love* weist D.J. Kennedy darauf hin, daß die Ehe sich auf das Leben

der Beteiligten entweder enorm konstruktiv oder unvor-
stellbar destruktiv auswirken kann. Was macht den Unterschied aus? Ob Sie einander aufbauen oder niedermachen!
Lesen Sie Markus 10,6-9 und 1. Korinther 13,7.

EGO-TRIPS

Auf Kosten der Gefühle Ihres Partners selbst gut dastehen
wollen.

Das geschieht, indem Sie Ihren Partner herunterputzen,
öffentlich demütigen oder sich unpassende Witze erlauben,
die Ihren Partner lächerlich machen. Leute mit niedriger
Selbstachtung flüchten sich zuweilen in dieses unangenehme, egoistische Verhalten, um sich selbst aufzubauen.
Lesen Sie Epheser 5,28; Sprüche 31,11 und 26; Kolosser
3,8; Epheser 4,29 und 5,4.

VERWEIGERUNG DER KOMMUNIKATION

Die Entscheidung (aus welchem Grund auch immer), die
Türen Ihres Herzens und Ihrer Seele zu verschließen und
Ihren Partner „draußen im Regen" stehen zu lassen.

Es ist unerläßlich, daß Sie sich von einem Seelsorger
helfen lassen, um diesen Zustand zu beheben, denn die
Ursachen hierfür sind vielfältig und komplex. Lesen Sie
1. Thessalonicher 2,8; Johannes 15,15 und Römer 1,12.

SCHULDZUWEISUNG

Den Partner dazu bringen, sich schuldig zu fühlen.

Schuldzuweisende Aussagen wie „Ich bin sehr enttäuscht von dir" ersticken die Gefühle der Liebe und die Freude am Zusammensein. Schuld ist ein äußerst unangenehmes Gefühl, das jeder lieber vermeiden möchte. Denken Sie daran, daß der Heilige Geist allein die Verantwortung hat, Menschen der Sünde zu überführen, und zwar auf eine Weise, die zur Heilung und Erlösung führt. Nur das Wort Gottes kann wirksam tadeln, ermahnen und uns den Weg weisen, den wir gehen sollen. Lesen Sie Johannes 16,7-8 und 13 und 2. Timotheus 3,16-17.

SCHÄDIGENDE LEBENSWEISEN

Gewohnheiten, die Ihre Gesundheit und Ihr Glück schädigen: Alles, was das Bewußtsein verändert, die Emotionen verzerrt, den Körper schädigt oder zu schädlichem Verhalten führt, wie etwa Kokain, Marihuana und alle anderen illegalen Drogen; Mißbrauch von Medikamenten und Alkohol; Rauchen und Eßstörungen.

Was Ihnen schadet, schadet auch Ihrem Partner. Aber Gott kann Sie frei machen! Befehlen Sie sich ihm an, und lassen Sie sich von Ihrem Pastor, Ihrem Arzt, Ihrem Seelsorger oder einer Selbsthilfegruppe helfen. Lesen Sie Sprüche 20,1 und 23,29-35; Galater 5,16-25 und 6,8; 1. Korinther 10,13 und Römer 13,13-14.

UNGEDULD

Verärgerung darüber, eine Verzögerung ertragen zu müssen, oder allgemeine Reizbarkeit, die sich in schnellen, scharfen Antworten und hektischem Verhalten ausdrückt.

Damit läßt es sich schwer leben! Doch ein ungeduldiger Mensch kann lernen, ruhig, beständig und gelassen zu werden, wenn er sich die Veränderung wirklich wünscht. Wenn wir es zulassen, kann der Herr gewaltige Veränderungen in uns bewirken. Lesen Sie Sprüche 17,27; Galater 5,22 und Jakobus 1,2-4 parallel zu Psalm 62,5.

GLEICHGÜLTIGKEIT

Fehlendes Eingehen auf Ihren Partner; Vermitteln des Eindrucks, daß er Ihnen egal ist.

Diese Form der Lieblosigkeit kann die schwersten Folgen haben, denn alle Formen der Liebe in der Ehe (mit Ausnahme der *agape*) brauchen die Erwiderung, um lebendig zu bleiben. Gleichgültigkeit, nicht Haß, ist das Gegenteil von Liebe. Lesen Sie das Hohelied Salomos und 1. Petrus 1,22.

UNGLEICHGEWICHT DER LASTEN

Eine ungerecht verteilte Last der Verantwortung: Nur ein Partner sorgt für die notwendigen Maßnahmen, um das gemeinsame Leben aufrechtzuerhalten.

Dazu gehören finanzielle Belastungen, der Haushalt, Verpflichtungen gegenüber Eltern und Kindern und die täglichen Gänge und Arbeiten, die erledigt werden müssen. Keiner der Partner sollte dies alles allein auf sich nehmen, und von keinem sollte erwartet werden, daß er dies alles trägt. Ungerechtigkeiten führen zu Erschöpfung und heimlichem Groll. Lesen Sie Sprüche 18,9; Prediger 4,9 und 9,9-10; Matthäus 11,28-30; Galater 6,2 und Kolosser 3,23-24.

Unsensibilität

Taubheit und Blindheit des Herzens gegenüber den Gefühlen und Bedürfnissen des Partners.

Das ist, als ob Sie mit eisenbeschlagenen Stiefeln auf dem anderen herumtrampeln – nicht aus Bosheit, sondern aus Unwissenheit. Die Liebe wendet dem geliebten Menschen die größte Aufmerksamkeit zu. Jeder kann lernen, sensibel für einen anderen Menschen zu werden. Lesen Sie 1. Petrus 3,7-8; Römer 12,15 und das Hohelied Salomos. Der Brief des Paulus an Philemon ist ein Beispiel für Sensibilität für einen anderen Menschen in einer heiklen Situation.

Eifersucht

Unangebrachte Angst davor, Ihren Partner zu verlieren, die Sie zu irrationalem Verhalten treibt.

Dies ist ein Zerstörer, der sich aus Ihren eigenen Unsicherheiten und Ihrem Argwohn nährt und Ihren Partner unglücklich macht. Doch ebensowenig sollten Sie sich auf eine Weise verhalten, die Verdacht weckt. Vermeiden Sie es insbesondere, einem anderen Menschen des anderen Geschlechts durch Blicke, Kommentare oder gemeinsame Zeit unangebrachte Aufmerksamkeit zuzuwenden. Geben Sie Ihrem Partner niemals Anlaß, sich durch Ihre Bewunderung für eine andere Person beiseite geschoben, geringgeschätzt oder bedroht zu fühlen. Lesen Sie das Hohelied 8,6.

KONTROVERSEN ÜBER DIE HAUSHALTSFÜHRUNG

Streitigkeiten und heftige Meinungsverschiedenheiten über die Art und Weise, wie Dinge in Ihrem gemeinsamen Heim gehandhabt werden sollen.

Meinungsverschiedenheiten über die Zahnpastatube oder die beste Geschirrspülmethode klingen vielleicht wie geringfügige Schwierigkeiten, aber derartige Reibungspunkte in Ihren Haushaltsangelegenheiten können sich zu einer Quelle großer Frustration auswachsen. Kompromißbereitschaft, Toleranz, Sinn für Humor und ein Gefühl für Verhältnismäßigkeit können Sie durch dieses Problem hindurchtragen, bis Sie gelernt haben, sich aneinander anzupassen. Lesen Sie Römer 12,9-11 parallel zu Galater 5,22.

MANGEL AN INTIMITÄT

Eine oberflächliche Beziehung, die in Ihrer Ehe eine gefährliche emotionale Leere hinterläßt.

Intimität bewirkt, daß Ihre Liebe lebendig bleibt. Ohne Intimität kann einer oder beide von Ihnen sehr in Versuchung geraten, sich woanders Liebe zu suchen. Menschen haben ein unstillbares Verlangen nach einer sinnerfüllten Zweierbeziehung. Lesen Sie das Hohelied 2,3-6 und 14.

UNORDNUNG

Achtlosigkeit im Umgang und in der Ordnung Ihres Eigentums, die zu Chaos in Ihrem Haushalt führt.

Ein gemütliches, geordnetes Zuhause, das eine friedvolle Atmosphäre bietet, gehört zum Eheglück dazu. Kreatives Chaos ist die eine Sache; aber eine Unordnung, die Ihren Partner (und Sie selbst auch) auf die Palme bringt, muß behoben werden. Gott ist wahrhaftig ein Gott der Ordnung, nicht der Verwirrung. Zu diesem Problem gibt es viele hilfreiche Bücher mit guten Tips. Wenn jemand hingegen entschlossen ist, einen *absolut perfekten* Haushalt zu führen, kann das freilich auch zu Unbehagen und Elend führen. Ihr Ziel sollte sein: ein Zuhause, das Sie beide genießen können, und die Freiheit, Leute einzuladen, ohne sich Sorgen zu machen, weil es wie ein Katastrophengebiet bei Ihnen aussieht. Lesen Sie 1. Korinther 14,33; Sprüche 31,27 und Hebräer 13,1-2.

NÖRGELN

Quälen Ihres Partners durch ständiges Klagen, um Ihren Willen bei einer Sache durchzusetzen.

Durch dieses Verhalten gestehen Sie ein, daß Sie nicht in der Lage sind, konstruktiv mit Problemen umzugehen oder Ihren Partner dazu zu inspirieren, Sie zu lieben. Doch Nörgeln kann eine Situation niemals verbessern. Es kann sogar das „Aus" für Liebe und Intimität sein. Bedienen Sie sich der großen Macht des Lobes, statt zu nörgeln. Lesen Sie Sprüche 12,25, 15,15, 17,1 und 25,23-24; Galater 5,15 und 26; Kolosser 3,12-17 und Hebräer 10,24.

AUSSER KONTROLLE GERATENE KINDER

Die störende Gegenwart schlecht erzogener, undisziplinierter Kinder.

Es ist schwer, eine erfüllende Liebesbeziehung aufzubauen, wenn Ihre Kinder außer Kontrolle geraten sind.

Wenn das schlechte Betragen und die unverschämten Ansprüche Ihrer Kinder Ihnen keine Zeit mehr lassen, Ihre Zweisamkeit zu genießen, dann müssen Sie unbedingt etwas gegen diese Situation unternehmen. Wenn Sie eine Familie gründen, sollten Sie Ihre Kinder von Anfang an zum Gehorsam anhalten. Helfen Sie ihnen zu verstehen, daß sie Ihre Privatsphäre und Ihr Recht auf ein friedliches, geordnetes Zuhause respektieren müssen. Das wird sich sowohl auf Ihre Kinder als auch auf Ihre Ehe segensreich auswirken. Lesen Sie 1. Timotheus 3,4; Epheser 6,1-4 und Gottes Prinzipien bei der Erziehung seiner Kinder: Hebräer 12,5-11 parallel zu Sprüche 3,11-12.

DRUCK VON DEN ELTERN

Einmischung seitens Ihrer Familien, Streitigkeiten mit den Schwiegereltern, Familienfehden oder übertriebene Nähe zu den Eltern bzw. Abhängigkeit von ihnen.

Das biblische Prinzip ist: Verlassen Sie Ihre Eltern und „hängen" Sie an Ihrem Ehepartner; gründen Sie eine neue Familieneinheit. Es ist nicht länger Ihre Verantwortung, Ihren Eltern zu gehorchen, aber es ist Ihre Aufgabe, sie zu ehren und für sie zu sorgen, wenn sie es nötig haben. Ihre Familien können Ihnen durch ihren Einfluß, ihr Beispiel und den Respekt, den sie Ihrer jungen Ehe und Ihrem Partner erweisen, eine große Hilfe sein. Leider können manche Familien auch zu einem großen Hindernis werden. Lesen Sie 1. Mose 2,24; Epheser 6,1-3; 1. Timotheus 5,8.

STOLZ

Das, was Sie davon abhält, Vergebung zu suchen oder zu geben.

Dies ist ein Charakterzug, der Gott besonders mißfällt.

Außerdem ist der Stolz eines der größten Hindernisse für eine liebevolle Beziehung. In einer guten Ehe, die aus Geben und Nehmen besteht, erkennen beide Partner ihre eigenen Unzulänglichkeiten und bekennen sich bereitwillig zu ihren Fehlern. Wenn Sie lernen, zu sagen: „Ich war im Unrecht ... Es tut mir leid ... Ich brauche dich ...", dann sind Sie auf dem besten Weg, den Stolz zu überwinden, der Ihre Ehe zerstören kann. Lesen Sie Sprüche 6,17, 13,10 und 21,4; Römer 12,3 und 16 und Jakobus 5,16.

HINAUSSCHIEBEN VON PFLICHTEN

Wenn Ihr Versäumnis, notwendige Dinge rechtzeitig zu erledigen, bei Ihrem Ehepartner Frustrationen erzeugt und Sie selbst unglücklich macht.

Auf später verschieben, was Sie auch heute erledigen können, kann zu einer sehr unangenehmen Form von Verschuldung führen und ein großes Ärgernis für Ihren Ehepartner sein. Die Bibel nennt solche Leute „Faule", die ihre Aufgaben nicht anpacken oder nicht zu Ende bringen oder die sich nicht den Dingen stellen, die erledigt werden müssen. Lesen Sie Sprüche 6,6-11; 10,26; 12,24-27; 13,4; 15,19; 18,9; 19,24; 20,4; 21,25-26; 22,13; 24,30-32 und 26,15-16.

ÜBEREILTE ANTWORTEN

Sünden der Zunge, die Sie begehen, weil Sie reden, bevor Sie nachdenken.

Scharfe und schneidende Antworten fallen in die Kategorie der verbalen Mißhandlungen. Sie erzeugen den starken Wunsch, dem Verursacher solcher Schmerzen lieber aus dem Weg zu gehen. Seien Sie gewarnt: Das kann mit der

Zeit Ihren Partner von Ihnen wegtreiben. Lesen Sie Psalm 19,14 und 141,3; Sprüche 12,18; 15,1; 19,11; 29,20 und Jakobus 3,5-12.

SEXUELLE ABLEHNUNG

Ihren Partner berauben, indem Sie ihm die intime Begegnung verweigern.

Dies verursacht dem abgewiesenen Partner großen Kummer und einen erheblichen Verlust an Selbstachtung. Wenn Sexualität zu einem Teil des ehelichen Schlachtfeldes wird oder einer der Partner die Sexualität entwertet, dann haben beide Partner etwas sehr Wichtiges verloren. Die sexuelle Beziehung in der Ehe gehört zum Geheimnisvollsten, Tiefgreifendsten und Bereicherndsten, was Sie erleben können. Gott hat uns in der Bibel klare Richtlinien bezüglich der sexuellen Verantwortung in der Ehe gegeben. Lesen Sie Sprüche 5,18 und 1. Korinther 7,2-5.

SELBSTSUCHT

Selbstbezogenheit, durch die Sie Ihr eigenes Wohlergehen über das Ihres Partners stellen.

Dies weist darauf hin, daß Sie noch nicht lieben gelernt haben. Lieben heißt geben, ohne die Kosten zu berechnen, weil sie unerheblich sind im Vergleich zu der Freude, dem geliebten Menschen zu dienen. Lesen Sie Johannes 3,16; Philipper 2,3-8 und 2. Korinther 12,15 parallel zu Markus 14,1-9.

SELBSTMITLEID

Sich selbst bemitleiden und dies durch Jammern und Klagen zum Ausdruck bringen.

Das ist ungemein ermüdend für den Partner, der es sich ständig anhören muß. Ersetzen Sie negative Gefühle durch Gebet und Danksagung. Lesen Sie Philipper 2,14; 4,6-7 und 1. Thessalonicher 5,18.

GEISTLICHE GLEICHGÜLTIGKEIT

Im Grunde ist dies die Weigerung, Gott als Gott anzuerkennen; eine Verleugnung der Herrschaft Jesu Christi in Ihrem Leben, auch wenn Sie sich als Christ betrachten mögen, der durch seine Gnade errettet ist.

Die Symptome sind mangelndes Interesse am Bibellesen, an Gebet und Gemeindebesuch. Dadurch berauben Sie sich selbst, Ihren Partner und Ihre Familie des Segens Gottes. Eine der besten Möglichkeiten, Ihrer Ehe Bestand zu geben, besteht darin, aktive Mitglieder einer bibelgläubigen Gemeinde zu werden. Ein Beispiel: Zwei Wirtschaftswissenschaftler haben eine zwölf Jahre dauernde Untersuchung an 1 800 Familien durchgeführt. Dabei stellten sie fest, daß neue Scheidungsgesetze, die auf eine Schuldzuweisung verzichten, Bildungsstand und Berufstätigkeit der Frauen wenig Auswirkungen darauf hatten, ob sich die Paare scheiden ließen oder nicht. Nur ein Faktor wirkte sich aus: *Das Scheidungsrisiko war bei Paaren, die nicht regelmäßig zur Kirche/Gemeinde gingen, erheblich höher!* Lesen Sie 5. Mose 5,29 und 6,4-7; Josua 1,8 und 24,14-15; Galater 6,7-10; 1. Timotheus 3,15; 2. Timotheus 3,14-17 und Hebräer 10,25.

FERNSEHEN

Wenn Sie übermäßig viel fernsehen, wirkt sich das schädlich auf Ihre Beziehung aus.

Zuviel Fernsehen bringt passive Menschen hervor, die weder die Motivation noch die Energie haben, intime eheliche Beziehungen aufzubauen. Es kann ein ernsthaftes Hindernis für Ihr Sexualleben und Ihre Kommunikation sein. Lesen Sie 1. Korinther 10,23 parallel zu Prediger 2,10-11.

EIN ULTIMATUM STELLEN

Die *Entweder-Oder-Waffe,* die ein Mensch einsetzt, um seinen Ehepartner zu einer Veränderung zu zwingen.

Das beinhaltet für gewöhnlich die Androhung einer Scheidung; es ist unbiblisch und *äußerst* unklug. „Scheidung" sollte im Wortschatz eines Paares, das sich eine von Liebe erfüllte, beständige Ehe wünscht, keinen Platz haben. Es weist auf einen möglicherweise fatalen Mangel an Hingabe aneinander hin, wenn Sie sich die Hintertür der Scheidung offenhalten. Drohungen sind niemals produktiv und gehen oft nach hinten los. Lesen Sie Maleachi 2,14-16; Markus 10,1-9 und 1. Petrus 3,8-9.

GEWALTTÄTIGKEIT

Körperlicher Ausdruck von Wut auf Grund von außer Kontrolle geratenem Zorn.

Diese Gewalt richtet sich häufiger gegen Dinge als gegen Menschen, etwa indem man Gegenstände durch die Wohnung schleudert. Dies ist ein Zeichen von Unreife, die sich überwinden läßt, indem Sie wirksame Techniken zum Umgang mit Ihren Gefühlen erlernen. Gewalttätigkeit gegen Menschen, die Sie lieben, ist ein völlig unannehmbares Verhalten und hat in Ihrer Ehe keinen Platz. (Sollte dies auch nur einmal vorkommen, suchen Sie sofort eine Beratung auf!) Lesen Sie 1. Mose 6,11; Sprüche 4,14-17 und 2. Petrus 1,3-7.

VERWEIGERTE ZUNEIGUNG

Die Weigerung, Ihrem Ehepartner die liebevolle (nicht-sexuelle) körperliche Zärtlichkeit zu geben, die er oder sie braucht.

Eine sanfte Berührung sagt uns, daß wir dem anderen wichtig sind; sie kann unsere Ängste beschwichtigen, unseren Schmerz lindern, unser Herz trösten und uns emotionale Geborgenheit vermitteln. Wenn Sie sich weigern, Ihren Partner liebevoll zu berühren, senden Sie ihm die *gegenteilige Botschaft*. Die Folge kann sein, daß Ihr Partner sich die verweigerte Liebe woanders sucht. Lesen Sie das Hohelied Salomos und Prediger 4,11; dazu das Prinzip, auf die Bedürfnisse anderer einzugehen: 1. Johannes 3,17-18.

ERSCHÖPFUNG

Ein Fehlen der Vitalität, die Sie für Ihre Ehe brauchen, weil Sie so stark von anderen Lebensbereichen in Anspruch genommen sind, daß Sie nur noch wenig Zeit für Ihren Partner und Ihre Liebesbeziehung übrig haben.

Arbeiten Sie zusammen daran, dieses Problem zu lösen. Nur wenige Dinge im Leben sind so wichtig wie Ihre Ehe, und es erfordert Energie, eine gute Beziehung aufrechtzuerhalten. Lesen Sie Psalm 116,7; 2. Thessalonicher 3,16 und das Hohelied 5,2-8.

HERUMSCHREIEN UND ANDERE STÖRENDE GEWOHNHEITEN

Jede persönliche Angewohnheit, die Ihrem Partner auf die Nerven geht.

Zum Beispiel: Er schreit, und sie „kann das nicht aushalten". Sie läßt Kaugummiblasen platzen, und er geht die Wände hoch. Die Ehe bringt jedes Problem und auch das kleinste Ärgernis unter ein Vergrößerungsglas, weil man *täglich* damit konfrontiert wird. Wir müssen lernen, sowohl Gewohnheiten zu tolerieren, die uns auf die Nerven gehen, als auch hellhörig für die Wünsche unseres Partners zu werden und zu versuchen, ihm keinen Anstoß zu geben. (Schließlich wollen wir ja den Menschen, den wir lieben, nicht unglücklich machen!) Dieses Problem erfordert Zeit zur Aufarbeitung und ein gerütteltes Maß an Geduld und Selbstkontrolle. Die Liebe wird eine Veränderung bewirken, wenn wir ihr Raum geben, anstatt uns durch Nörgeln, Kritik und Bestehen auf unserem Recht durchsetzen zu wollen. Lesen Sie 1. Korinther 13,7.

LANGEWEILE

Angeödet sein von Ihrem Partner, Ihrer Ehe und Ihrem Leben allgemein.

Langeweile ist eine tragische Verschwendung der Gabe des Lebens und eine Beleidigung Ihres Partners. Gelangweilte Leute sind langweilige Leute. Gelangweilte Leute werden zu depressiven Leuten. Also unternehmen Sie etwas, um Ihre Einstellung zu ändern! Schüren Sie erneut den Funken in Ihrer Ehe, und finden Sie Freude und Begeisterung in der Beziehung zu Gott und in der Entdeckung, wie er Sie in seinem Dienst gebrauchen will. Lesen Sie Psalm 36,7-9; Psalm 118,24; Sprüche 4,18 und Philipper 1,21.

DIE GEFÄHRLICHSTEN JAHRE

Oft werden wir gefragt, welches die belastungsreichsten Jahre in einer Ehe seien. Es sind die folgenden:

▷ die ersten beiden Jahre der Einfindung und Anpassung;
▷ das sechste und siebente Jahr, in denen die Versuchungen von außen offenbar am stärksten sind;
▷ die Zeit, wenn die „Flitterwochen"-Phase vorüber ist und jeder anfängt, den anderen objektiver und kritischer zu betrachten;
▷ jede Zeit, in der es einem oder beiden in ihrer Beziehung langweilig ist, weil keine Lebendigkeit und kein Wachstum mehr da ist;
▷ die mittleren Jahre, wenn die Kinder das Elternhaus verlassen und die Ehepartner wieder ganz aufeinander angewiesen sind, um Gemeinschaft und Liebe zu erfahren;
▷ immer dann, wenn Menschen die finanzielle Freiheit und die Gelegenheit haben, untreu zu sein;
▷ die harten Zeiten, wenn äußere Belastungen unerträglich werden, besonders bei Arbeitslosigkeit, finanziellen Engpässen oder bei Trauerfällen;
▷ Zeiten von körperlicher Krankheit oder erzwungener Trennung, aus welchen Gründen auch immer;
▷ das Alter, wenn Menschen nach und nach die Kontrolle über ihr Privatleben und ihre Lebensumstände verlieren.

In jedem Lebensalter oder Stadium sollten Sie Ihre Einheit sorgfältig hüten und niemals zulassen, daß andere Menschen – seien es Kinder, Eltern, Geschwister, Kollegen oder Freunde – in Ihr privates Liebesleben eindringen. Sie haben ihren Platz in Ihrem Leben, aber dieser Platz ist nicht im Zentrum Ihrer Beziehung.

DIE EIGENE FRAU LIEBEN LERNEN:
HANDBUCH FÜR EHEMÄNNER

Dieses Kapitel ist für Ehemänner gedacht, aber wir haben den Verdacht, daß es gerade von Ehefrauen mit großem Interesse gelesen werden wird. Oft hören wir von Ehefrauen, daß ihre Männer nicht wissen, wie sie sie lieben sollen, und die Männer geben zu, daß das stimmt. Ein Ehemann sagte uns: „Auf ihre Bedürfnisse eingehen? Ich wußte nicht einmal, daß sie irgendwelche besonderen Bedürfnisse hat, als wir heirateten. Sie mochte mich sehr gern, als wir befreundet waren, aber nach der Hochzeit wurde ein ganz neues Spiel gespielt, und offensichtlich kannte ich die Regeln nicht. Seitdem versuche ich sie einzuholen!"

Ein Beobachter vermutet, daß Ehen deshalb scheitern, weil:

„... es nur zu oft vorkommt, daß Leute heiraten, bevor sie die notwendigen Kenntnisse und Fertigkeiten besitzen, um für ihren Partner zu sorgen – um auf seine emotionalen, geistigen und körperlichen Bedürfnisse einzugehen. Es ist doch die reinste Ironie, daß ein Mensch unserer Gesellschaft vier Jahre Ausbildung braucht, um als Klempner arbeiten zu dürfen, aber um heiraten zu dürfen, braucht er überhaupt keine Ausbildung. Unser Bildungssystem erfordert nicht einmal Kurse in Kommunikation, die für den Aufbau einer sinnvollen Beziehung grundlegend ist. Infolgedessen gehen viele Männer und Frauen in die Ehe, ohne das Geringste darüber zu wissen, wie sie die grundlegenden emotionalen und geistigen Bedürfnisse ihrer Partner befriedigen können."[1]

Glücklicherweise läßt Gott die Ehemänner nicht hilflos im Stich, und sie sind auch nicht auf unser Bildungssystem angewiesen. Gott hält Antworten bereit für alle, die ihre Frauen lieben wollen und sich danach sehnen – Antworten, die klar und eindeutig niedergeschrieben und so erreichbar für uns sind wie die nächst erreichbare Bibel. Das „Abenteuer der Liebe" beginnt erst richtig, wenn wir uns an die Heilige Schrift wenden, um herauszufinden, was uns der Schöpfer für unsere Ehe empfiehlt.

Auf den nächsten Seiten wollen wir Ihnen in aller Kürze die biblischen Ratschläge weitergeben, die Ihre Beziehung über Jahre hinweg positiv verändern können. Sie können lernen, Ihre Frau so zu lieben, wie es Ihr Schöpfer geplant hat. Er weiß, was sie braucht, auch wenn Sie es vielleicht noch nicht wissen!

Weil Gott Gott ist, spricht er in Anweisungen und lehrt durch Beispiele. Alles Wissen, das er zu diesem Thema für uns bereithält, läßt sich in diesem einen Imperativ zusammenfassen, der seine Überzeugungskraft aus einem leuchtenden Beispiel bezieht: „Ihr Männer, liebt eure Frauen, wie auch Christus die Gemeinde geliebt hat und hat sich selbst für sie dahingegeben" (Eph. 5,25).

Ihre Frau hat das Bedürfnis, *geliebt* zu werden. Aber wie soll das geschehen? Was müssen Sie dazu tun? Sie müssen sie verantwortlich, verständnisvoll, aufbauend, hegend und pflegend, romantisch, realistisch und (als Stamm, von dem sich all die anderen „Liebesäste" abzweigen) *opferbereit* lieben. Wenn Sie gelernt haben, das zu tun, dann wird Ihre Liebe dem Gebot entsprechen: „... wie auch Christus die Gemeinde geliebt hat und hat sich selbst für sie dahingegeben."

Schauen wir uns nun diese Wege, wie Sie die tiefsten Bedürfnisse Ihrer Frau erfüllen können, im einzelnen näher an.

I. LIEBEN SIE IHRE FRAU MIT VERANTWORTLICHER LIEBE

Lieben Sie Ihre Frau, indem Sie Verantwortung für sie übernehmen. Wenn Paare mit Eheproblemen bei Dr. Wheat Rat suchen, sagt er oft zu dem Ehemann: „Es ist vielleicht nicht Ihre Schuld, aber das spielt keine Rolle. Es ist immer Ihre Verantwortung."

Warum fangen wir mit dieser nackten Tatsache an? Klingt das nicht ziemlich kalt und hart? Was hat das mit der leidenschaftlichen Liebe zu tun, die Sie für die Frau, die Sie geheiratet haben, *empfinden?*

Unsere Antwort lautet: *alles.* Leidenschaft, romantische Verehrung, Wonne, Zuneigung, tiefe Freundschaft – all das hat in einer Ehe wenig zu bedeuten, wenn der Ehemann nicht den grundlegenden Auftrag akzeptiert, den Gott ihm gegeben hat. Bedenken Sie diesen Auftrag sorgfältig:

> „Ihr Männer, liebt eure Frauen, wie auch Christus die Gemeinde geliebt hat und hat sich selbst für sie dahingegeben, um sie zu heiligen. Er hat sie gereinigt durch das Wasserbad im Wort, damit er sie vor sich stelle als eine Gemeinde, die herrlich sei und keinen Flecken oder Runzel oder etwas dergleichen habe, sondern die heilig und untadelig sei. So sollen auch die Männer ihre Frauen lieben wie ihren eigenen Leib. Wer seine Frau liebt, der liebt sich selbst. Denn niemand hat je sein eigenes Fleisch gehaßt; sondern er nährt und pflegt es, wie auch Christus die Gemeinde. ... Ein jeder habe lieb seine Frau wie sich selbst" (Eph. 5,25-29; 33).

Denken Sie zurück an die Anfangszeit Ihrer Beziehung. Wann wurde Ihnen zum ersten Mal klar, daß Sie genau dieses Mädchen tatsächlich liebten? Sie werden feststellen, daß Sie in diesem Moment anfingen, Verantwortung für sie zu übernehmen – daß Sie sich aktiv um ihr körperliches und emotionales Wohlergehen bemühten, ja um alles, was sie betraf. Ob sie sich nun auf eine Chemieprüfung vorbereitete, mit einem schwierigen Vorgesetzten am Arbeitsplatz fertigwerden mußte, ein bestimmtes berufliches Ziel anstrebte oder auch nur einen hartnäckigen Husten loszuwerden versuchte, haben Sie nicht an alledem Anteil genommen? Haben Sie nicht ständig an sie gedacht, sich Sorgen um sie gemacht und ihr geholfen, wo Sie nur konnten? Und wenn Sie nichts Praktischeres tun konnten, haben Sie nicht zumindest versucht, sie zu trösten und zu ermutigen?

Als Sie auf natürliche Weise in diese Situation hineinwuchsen, war das eine Vorbereitung darauf, die Rolle zu übernehmen, die Gott Ihnen in der Ehe zugedacht hat. Er will, daß Ehemänner in jeder Hinsicht auf ihre Frauen achten. Dieses Vorbild hat er uns in der Anteilnahme und aktiven Fürsorge Jesu Christi für sein Volk, die Gemeinde, vor Augen gestellt. Ihre Frau verantwortlich lieben heißt, sie spüren zu lassen, daß sie wichtig ist und daß alles, was ihr wichtig ist, auch Ihnen wichtig ist. Sie sagen ihr durch Wort und Tat: „Ich verstehe dich. Ich respektiere dich. Ich liebe dich. Deine Anliegen sind meine Anliegen. Ich möchte für dich sorgen. Ich möchte dich zärtlich behandeln und dich vor allem, was dir schaden könnte, bewahren."

In unserer Zeit benötigen Ehefrauen mehr Schutz als je zuvor. In ca. 65% aller amerikanischen Familien sind die Frauen ganztags oder halbtags berufstätig. Neunzehn Millionen amerikanische Mütter gehen arbeiten, und es wird geschätzt, daß binnen fünf Jahren drei Viertel der *neuen Mütter* in Amerika erwerbstätig sein werden.[2] Den Ehemännern dieser Frauen kommt eine schwere Verantwortung zu, auf die besonderen Bedürfnisse ihrer Frauen einzugehen.

Wenn Ihre Frau außerhalb arbeitet, dann braucht Sie stets Ihre besonders einfühlsame Unterstützung, besonders aber dann, wenn Sie kleine Kinder haben. Wenn Sie wissen wollen, wie Gott Ihre Frau sieht, denken Sie an Jesaja 40,11: „Er wird seine Herde weiden wie ein Hirte, die Lämmer wird er in seinen Arm nehmen und in seinem Gewandbausch tragen, *die säugenden Muttertiere wird er fürsorglich leiten"* (Hervorhebung d. Autoren).

Sie können Ihre berufstätige Frau unterstützen, indem Sie ihr körperliche nichtsexuelle Aufmerksamkeit zuwenden – sie ermutigend umarmen, ihr den Rücken massieren, sie abends in den Arm nehmen, bevor sie zu Bett geht – und indem Sie über ihre Gesundheit und Kraft wachen. Lassen Sie nicht zu, daß sie sich übernimmt. Erinnern Sie sie daran, daß Sie nicht allen alles recht machen kann, und helfen Sie ihr, ihre Termine so zu planen, daß ihr noch Zeit für sich selbst bleibt.

Unterstützen Sie sie auch emotional. Hören Sie ihr zu, ohne gleich mit schnellen Ratschlägen bei der Hand zu sein – hören Sie einfach verständnisvoll und einfühlsam zu. Ermutigen Sie sie! Denken Sie daran, daß sie als Frau vermutlich oft eher die Schuld bei sich selbst suchen wird, wenn an ihrem Arbeitsplatz etwas schiefgeht. Da sie dazu neigt, in ihrem Umgang mit Vorgesetzten und Kollegen subjektiver und empfindlicher zu reagieren als Sie, wird sie vermutlich stärker als Sie darunter leiden, wenn in ihrem Zuhause etwas nicht stimmt – denn für eine Frau ist ihr Zuhause eine Erweiterung ihrer selbst, ob sie nun die Zeit hat, sich darum zu kümmern oder nicht.

Übernehmen Sie Ihren Anteil an den Aufgaben und Verantwortungen im Haus und mit den Kindern – ohne den Eindruck zu hinterlassen, Sie täten es nur, um *ihr einen Gefallen zu tun*. Es geht hier nicht um einen besonderen Akt des Edelmuts von Ihnen, sondern lediglich darum, daß Sie über die wertvolle Frau wachen, die Gott Ihnen geschenkt hat. Und wenn sie zum Einkommen der Familie beiträgt, was *Ihre* gottgegebene Verantwortung ist, dann ist es nur fair, wenn Sie auch Ihren Teil zu Hause tun, was die gottgegebene Verantwortung *Ihrer Frau* ist.

Ihre Frau verantwortlich lieben bedeutet nichts weniger, als daß Sie ihre Interessen und ihr Wohlergehen *über Ihre eigenen* stellen.

Das tun Sie nicht, indem Sie wie ein Pascha über sie herrschen, und ganz gewiß nicht, indem Sie an ihr herumnörgeln. In einer überfüllten Führerscheinausgabestelle wurde neulich ein Ehemann beobachtet, der seine Frau begleitete, als sie ihren Führerschein entgegennehmen wollte. Obwohl sie attraktiv aussah, wirkte die Frau nervös und unsicher. Der Grund war leicht zu erkennen. Ihr Mann schaute ihr mißmutig schweigend zu, während sie für ihr Führerscheinfoto posierte. Hinterher bemerkte er: „Dein Kragen war ganz geknittert. Das sah ja furchtbar aus! Und warum hast du denn nicht gelächelt?" Während sie auf das Ergebnis warteten, befahl er ihr zweimal laut: „Hör auf, an deinem Gesicht herumzufummeln", während sie vor Verlegenheit in sich zusammensank.

Dieser Mann betrachtete offensichtlich seine Frau als eine Person zweiter Klasse. Er erkannte nicht, daß er selbst sie in diese Schablone gepreßt hatte, indem er sie zweitklassig behandelte. In vielerlei Hinsicht wird eine Frau stets ihren Mann und seine Art, sie zu behandeln, widerspiegeln. Um es eigensüchtig auszudrücken: Wenn Sie mit einer Prinzessin verheiratet sein wollen, müssen Sie Ihre Frau wie eine Prinzessin behandeln. Um es biblisch auszudrücken: Da Sie beide in Gottes Augen eins sind, sollten Sie, wenn Sie sich selbst lieben, auch Ihre Frau lieben, die ein Teil von Ihnen ist. Lieben Sie sie ebenso verantwortungsvoll, wie Sie mit Ihrem eigenen Körper umgehen? Sie braucht das, und Gott rät Ihnen, sich so zu verhalten, selbst wenn das Ihren selbstsüchtigen Neigungen widerstreben sollte.

Die Ehe fordert von uns mehr als jede andere menschliche Beziehung, und das gilt besonders für den Ehemann, der doch dem Beispiel Christi folgen soll. Christus gab sein eigenes Leben für uns, damit wir seine Liebe erfahren und dann erwidern können. Ebenso braucht auch Ihre Frau Ihre Liebe, damit sie sie erfahren und dann erwidern kann. Gott hat sie darauf angelegt, auf Sie zu *reagieren;* Sie dagegen hat er als *Initiator* geschaffen – damit Sie *zuerst und für immer* lieben.

2. Lieben Sie Ihre Frau mit Verständnis und Ehrerbietung

Es ist wichtig, daß Sie Ihre Frau mit einem aus drei Teilen bestehenden Wissen lieben, das (1) sie persönlich versteht, (2) ihren unschätzbaren Wert begreift und (3) ihre Stellung in den Augen Gottes erkennt.

Dieser Rat stammt aus 1. Petrus 3,7: „Ihr Männer ebenso, wohnt vernünftig mit ihnen zusammen und gebt dem weiblichen Geschlecht als dem schwächeren seine Ehre. Denn auch die Frauen sind Miterben der Gnade des Lebens ... "

Jay Adams kommentiert:

„Die Ehemänner werden direkt angesprochen und ermahnt, ... vorsichtig und rücksichtsvoll (mit ihren Frauen) zu leben. Sie müssen aufhören, ihr Leben in Unwissenheit über die Probleme, Wünsche, Bedürfnisse, Sehnsüchte, Ängste usw. ihrer Frauen zu führen (wie es so viele Männer tun, die sich noch nie die Mühe gemacht haben, ihre Frauen zu verstehen), sondern buchstäblich ‚vernünftig‘ – auf eine verständnisvolle Weise.

Das alte Klischee ‚Die Frau – das unbegreifliche Wesen‘ muß begraben werden. Den Ehemännern muß gesagt werden (und Petrus sagt es ihnen ja auch): ‚Es gibt eine Frau, die du verstehen mußt – deine Frau! Gott befiehlt es dir.‘"[3]

Wie kann ein Mann es anstellen, seine Frau zu verstehen? Erstens, indem er sich so sehr *wünscht*, sie zu verstehen, daß er sich mit Leib und Seele in das Abenteuer stürzt, sie kennenzulernen.

Zweitens, indem er sie sorgfältig und liebevoll studiert. Ein junger Ehemann schilderte uns, wie er Zeit damit verbrachte, alles an seiner Braut zu beobachten – sogar den Rhythmus ihres Atems. Er entdeckte, daß sie, wenn sie wütend war, anfing, Schränke und Schubladen auszuwischen,

und wenn sie traurig war, aus dem Fenster starrte. Er
wußte, was es bedeutete, wenn sie den Blick senkte und seinen Augen auswich. Er lernte verstehen, was sich dahinter
verbarg, wenn sie ihr Gesicht an seine Schulter legte. Er be-
obachtete ihr Erröten, ihre vorübergehenden Stimmungen
und ihre wechselnden Gesichtsausdrücke.

Ihr wurde indessen klar, daß er, wenn er sie fragte, was sie
denke, es wirklich wissen wollte, weil er sich danach sehnte,
sie so gründlich zu kennen wie nur möglich. Dieser junge
Mann wohnte wirklich buchstäblich „vernünftig" mit ihr zusammen.

Respekt vor Ihrer Frau ist die zweite Gabe einer auf Einsicht basierenden Liebe. Dieser Respekt erfordert Behut-
samkeit im Umgang mit ihr. Petrus erklärt den Ehemännern, daß ihre Frauen *nicht geringer*, sondern *nur anders* sind
als sie. Sie müssen begreifen, daß Ihre Frau körperlich
schwächer und emotional empfindsamer und verletzbarer
ist als Sie und darum mit Vorsicht behandelt werden muß.
Jay Adams bemerkt, daß viele Männer ihre Frauen behandeln wie einen alten Blecheimer statt wie ein zerbrechliches
und wertvolles Behältnis, „ein zerbrechliches Gefäß, Ming-
Dynastie!"[4]

Bisher haben wir uns mit den Ratschlägen befaßt, die das
Neue Testament den Ehemännern zu geben hat, aber um zu
erfahren, wie dieses Prinzip des Respekts anzuwenden ist,
müssen wir auf das Alte Testament zurückgreifen. Hier finden wir das einzige biblische Buch, das sich ausschließlich
mit Liebe, Sexualität und Ehe befaßt. Das Hohelied Salomos offenbart das Muster der ehelichen Liebe, wie Gott sie
entworfen hat, stellt uns ein praktisches Modell für das Liebesleben von Ehemann und Ehefrau vor und gibt uns Anlei-
tung, wie die Prinzipien aus Epheser 5 und 1. Petrus 3,7 ins
tägliche Leben umzusetzen sind. Wir schlagen vor, daß Sie
dieses Buch gemeinsam mit Ihrer Frau lesen und es in Ihre
eigene Sprache der Liebe einbauen.

Zu Beginn des Hohenliedes bringt ein König Sulamith,
ein keusch erzogenes Mädchen vom Land, als seine Braut

und Königin in seinen Palast. Beachten Sie, wie behutsam der Bräutigam mit seiner Frau umgeht und wieviel Respekt er ihr erweist.

„Seine Liebe und Anerkennung war nicht nur eine Privatangelegenheit. Der König zeigte seine Verehrung und seinen Respekt für seine Frau in aller Öffentlichkeit. Im königlichen Bankettthaus breitete er das Banner seiner Liebe über ihr aus. … Es wurde für jedermann offensichtlich, daß Sulamith die wichtigste Person in seinem Königreich war – man mußte sie in jeder Hinsicht ehren, respektieren und schützen. Er behandelte sie wie eine Königin, und das wurde sie auch wahrhaftig. Gleichzeitig liebte er sie privat auf eine solche Weise, daß sie sich ihm schließlich vollkommen hingeben konnte und ihm nichts von ihrem Vertrauen, ihren Gedanken und ihrer Liebe vorenthielt.
Ehemann, wie behandeln Sie Ihre Frau in der Öffentlichkeit? Öffnen Sie die Türen für sie … rücken Sie ihr am Tisch den Stuhl zurecht … helfen Sie ihr in den Mantel? Diese kleinen Aufmerksamkeiten erweisen der Frau als dem zerbrechlicheren Gefäß die Ehre. Schließlich kann Ihre Frau nicht *sehen,* wie Sie innerlich zu ihr stehen. Sie müssen es ihr durch einfache Handlungen zeigen, die Ihre Liebe und Fürsorge und Ihre schützende Besorgnis um ihr Wohlergehen sichtbar machen. Ist Ihre Liebe in Gegenwart anderer wie ein schützendes Banner über sie gebreitet? Schauen Sie sie oft an? Reagieren Sie auf ihre Blicke? Hören Sie ihr zu? Geben Sie ihr das Gefühl, daß sie die wichtigste Person in *Ihrem* Königreich ist?"[5]

Das Wort *Ehre* in 1. Petrus 3,7 bedeutet in erster Linie Wertschätzung. In diesem Fall bezeichnet es die Erkenntnis des Wertes und der Kostbarkeit Ihrer Frau. Betrachten Sie Ihre Frau als Ihren Schatz?
Drittens müssen Sie verstehen, wie Gott Ihre Frau auf geistlichem Gebiet sieht: Sie ist mit Ihnen gemeinsam Erbin des Geschenks des ewigen Lebens. Obwohl Ihnen das Pri-

vileg und die Verantwortung gegeben ist, als Gottes Repräsentant in Ihrem Zuhause zu handeln, sollten Sie nie vergessen, daß Ihre Frau vor Gott einen gleichberechtigten Status
hat und daß der gleiche Lohn auf sie wartet. Ihre Rollen
sind verschieden, aber geistlich betrachtet sind Sie gleichge-
stellt. Und wenn Sie das vergessen und Ihre Frau somit ent-
ehren, so warnt Petrus, dann dürfen Sie nicht erwarten, daß
Gott Ihre Gebete erhört!

„Desgleichen, ihr Männer, wohnt vernünftig mit ihnen
zusammen und gebt dem weiblichen Geschlecht als dem
schwächeren seine Ehre. Denn auch die Frauen sind Miterben der Gnade des Lebens, und euer gemeinsames Gebet
soll nicht behindert werden" (1. Petr. 3,7).

3. Lieben Sie Ihre Frau aufbauend

Folgende zwingende Wahrheit haben wir in unserem Prozeß, unsere Ehepartner lieben zu lernen, erfahren: *Liebe tut
immer das Beste für den geliebten Menschen.*

Ein Ehemann, der dieses Prinzip befolgt, wird seine Frau
„aufbauend" lieben, wie es Epheser 5,29 empfiehlt. Eine
Frau aufbauend zu lieben heißt, sie zu nähren – körperlich,
emotional und geistlich. Es bedeutet, ihr einen Reifungs-
prozeß zuzugestehen und die Möglichkeiten, die Gott ihr
zugedacht hat, voll auszuschöpfen. Betrachten Sie die folgenden Auszüge aus vier Briefen von verschiedenen
Frauen, die nicht in dieser Weise von ihrem Ehemann genährt wurden:

Ehefrau A: „Mein Mann verdient die Brötchen. Ich be-
komme Geld zum Einkaufen von Lebensmitteln, aber
nichts für meine eigenen persönlichen Bedürfnisse oder
für Kleidung. Es scheint ihm lästig zu sein, Geld für mich
ausgeben zu müssen. Wie soll ich damit umgehen?"
Ehefrau B: „Ich muß arbeiten gehen, und ich komme

abends erschöpft nach Hause mit dem Gefühl, daß ich ein bißchen Fürsorge brauche. Statt dessen muß ich mich immer um die Bedürfnisse meines Mannes und meiner Kinder kümmern. Ich weiß nicht, wie ich mein Leben ins Gleichgewicht bringen soll. Hilfe!"

Ehefrau C: „Wie soll ich reagieren, wenn mein Mann anruft und sagt, daß er später nach Hause kommt, weil er noch zu arbeiten hat? Ich kann einfach nicht glauben, daß er wirklich noch im Büro bleiben muß. Ich gebe mir alle Mühe, unser Zuhause angenehm und gemütlich zu machen, aber ich habe das Gefühl, daß er lieber im Büro ist als zu Hause bei mir."

Ehefrau D: „Welche Rolle soll ich einnehmen, wenn mein Mann, der Christ ist, seine geistliche Führungsaufgabe in der Familie nicht wahrnimmt? Die Kinder sehnen sich danach, daß ihr Daddy sie in der Andacht leitet, und auch ich brauche seine Führung."

In dem traditionellen Eheversprechen spiegelt sich dieses Bedürfnis der Ehefrau nach nährender, aufbauender Liebe wider. Wenn ein Mann seiner Frau Anteil an all seinen irdischen Gütern gibt, dann bedeutet das, daß er für alle körperlichen Notwendigkeiten sorgt. Und wenn er verspricht, „in Gesundheit wie in Krankheit" für sie zu sorgen, ist damit die körperliche Fürsorge gemeint. Wenn er verspricht, sie zu ehren und zu lieben, bezieht sich das auf ihr geistiges und emotionales Wohlergehen.

Epheser 5,26-27 handelt von der geistlichen Fürsorge für die Ehefrau. Indem er Christus und die Gemeinde mit Ehemännern und ihren Frauen vergleicht, erklärt Paulus, daß Jesus sich selbst hingab, um seine Braut zu heiligen und durch das Wort Gottes zu reinigen, damit sie ohne einen Flecken, eine Runzel oder dergleichen erstrahle.

Um das in Ihrer Ehe umzusetzen, bedenken Sie, daß Sie Gottes Repräsentant sind, um Ihre Frau zu segnen und geistlich zu nähren. Das tun Sie vor allem, indem Sie die Führung dabei übernehmen, das Wort Gottes in jeden Bereich Ihres Denkens und Lebens hineinzubringen. Lassen Sie es zu Ihnen beiden sprechen und hören Sie auf seinen Rat. Wußten Sie übrigens, daß das Wort „Erfolg" nur ein einziges Mal in der Bibel vorkommt? Es erscheint nur im Zusammenhang mit der Ermahnung, die Bibel zu kennen und zu beachten:

> „Dieses Buch des Gesetzes soll nicht von deinem Mund weichen, und du sollst Tag und Nacht darüber nachsinnen, damit du darauf achtest, nach alledem zu handeln, was darin geschrieben ist; denn dann wirst du auf deinen Wegen zum Ziel gelangen, und dann wirst du Erfolg haben" (Josua 1,8).

Wir haben Paare kennengelernt, die in den Jahren ihrer Freundschaft ihre gemeinsamen Abende beschlossen, indem sie in der Bibel lasen und beteten. Ein Mädchen sagte uns: „Ich glaube, ich liebte ihn in diesen Zeiten noch mehr als irgendwann sonst. Er ergriff die Initiative. Er las die Bibel vom 1. Buch Mose bis zur Offenbarung, und das Kapitel, das gerade dran war, las er mir laut vor, wobei er den Arm um mich legte; manchmal berührten sich auch unsere Wangen, während er las. Dann beteten wir gemeinsam. Aber er ergriff die Initiative, und das überzeugte mich mehr als alles andere, daß dies der richtige Ehemann für mich war!"

Die Sehnsucht, die von Ehefrauen in unseren LOVE-LIFE-Eheseminaren am häufigsten ausgedrückt wird, ist die, daß ihre Männer die geistliche Führungsrolle in ihren Familien übernehmen mögen. Oft sagen sie: „Wenn ich ihn darum bitte, liest er mit mir in der Bibel. Aber ich möchte, daß er die Initiative übernimmt!"

Diese Sehnsucht hat ihnen Gott eingepflanzt, denn sie entspricht seiner Vorstellung. Eine solche nährende Liebe wird die kostbarsten Früchte ernten. Versuchen Sie es, und erleben Sie, wie die Schönheit Ihrer Frau zunimmt – die innere Schönheit wie auch die äußere Leuchtkraft und Heiterkeit.

4. LIEBEN SIE IHRE FRAU
„HEGEND UND PFLEGEND"

Die Bibel sagt Ihnen im 5. Kapitel des Epheserbriefes, daß Ihre Frau von Ihnen gehegt und gepflegt werden muß. Das griechische Wort *thalpo* in Epheser 5,2 ist eines der schönsten Wörter in der Sprache der Liebe. Es hat verschiedene Bedeutungen, die alle einem Ehemann, der seine Frau lieben lernen will, etwas zu sagen haben. Betrachten Sie diese Liste an Bedeutungen wie einen wohlduftenden Strauß von Verhaltensweisen, durch die Ihre Frau gesegnet werden wird.

Thalpo bedeutet „zärtlich für jemanden sorgen": warm halten wie Vogeleltern, die ihre Jungen mit Federn bedekken; schützen wie eine Henne, die ihre Küken vor Gefahren beschirmt. Behüten Sie Ihre Frau mit zärtlicher Fürsorge, und wärmen Sie sie mit Ihrer Liebe? Eine junge Ehefrau schilderte uns die Art und Weise, wie ihr Mann sie hegt und pflegt. „Das Wunderbarste am Verheiratetsein", sagte sie, „ist für mich, jede Nacht an der Schulter meines Mannes in seinem Arm einzuschlafen. Ich fühle mich dabei so sicher … so geliebt."

Thalpo bedeutet auch, „etwas als lieb und teuer betrachten", „etwas mit Zuneigung behandeln". Ihre Frau braucht auch nichtsexuelle Zärtlichkeiten, Kuscheln, Küsse und Umarmungen. Sie möchte Ihre Hand halten. Konzentrieren Sie sich mit Einfühlsamkeit auf das schöne Erlebnis, ihre Hand zu halten. Küssen Sie ihre Handfläche, wenn Sie morgens das Haus verlassen. Kuscheln Sie abends mit ihr, während Sie sie auf dem Schoß halten – nicht als Signal für Sex, sondern einfach aus zärtlicher Zuneigung.

Schließlich bedeutet *thalpo* „ermutigen" oder „unterstützen". Lassen Sie Ihre Frau wissen, daß ihre Meinung Ihnen viel bedeutet und daß Sie es genießen, mit ihr zu kommunizieren. Hören Sie ihr zu. Lernen Sie, sie aufzubauen. Wenn Sie gelernt haben, Ihre Frau zu verstehen, werden

Sie auch schnell erkennen, in welchen Bereichen sie Unterstützung braucht und wie Sie ihr diese Unterstützung geben können.

5. Lieben Sie Ihre Frau romantisch

Ihre Frau hat ein tiefes Bedürfnis, romantisch geliebt zu werden (wie wir es im ersten Kapitel geschildert haben). Sie hat ein Bedürfnis danach, daß Sie ihr wahres Ich erkennen und vor Augen haben, daß Sie durch all ihre Fehler hindurch das Bildnis Gottes in ihr sehen und wahrnehmen, daß Sie wahrnehmen, zu welch einem wunderbaren Menschen sie sich entwickelt, der von Gott durch Jesus Christus mit einer ewigen Identität erschaffen und erlöst wurde.

Merkwürdigerweise kommt es manchmal vor, daß Liebhaber die Romantik vergessen, sobald sie zu Ehemännern werden – obwohl es *gerade das* ist, was ihre Frauen brauchen und ersehnen. Wenn diese vergeßlichen Liebhaber nur begreifen könnten, daß die Reize des *Verliebtseins* eine Erwartungshaltung erzeugen, die die Kraft hat, das Alltagsleben regelrecht zu verwandeln. Der folgende Satz aus einem alten Buch beschreibt, wie eine Ehe aussieht, in der die romantische Liebe immer noch blüht: *Unser Leben wimmelte so sehr von kleinen Schönheiten, daß wir wie Kinder des Regenbogens waren, die für immer in den Morgenstunden der Welt lebten.*

Eine Frau schrieb: „Ich brauche den Beweis dafür, daß etwas Liebenswertes an mir ist. Durch die Augen und die Worte des Mannes, der mich liebt, durch seine Reaktionen oder die Art, wie er mir begegnet, sehe ich mich selbst so, wie es meinem Bedürfnis entspricht. Manche Schriftstellerinnen verachten heutzutage die romantische Liebe. Doch die Geschichten von Aschenputtel, Dornröschen und Schneewittchen sind immer noch in unserem kollektiven Gedächtnis verschlossen. Sie enthalten in ihrem Kern eine tiefe Wahrheit: Jede dieser Frauen brauchte den Kuß des Prinzen bzw. mußte von dem Prinzen erwählt werden, um zur Fülle des Lebens zu gelangen. Genauso hat Gott auch mich gemacht."

Die beste Möglichkeit, Ihre Frau romantisch lieben zu lernen, ist wiederum, das Hohelied Salomos zu studieren und zu verinnerlichen, wie dieser Liebhaber seine Braut liebte. Beachten Sie, wie er mit ihr und über sie sprach; beachten Sie seine Zärtlichkeiten, seine Liebesgeschenke, seine Beschäftigung mit ihr, sein intensives Verlangen, sie besser zu kennen, in ihre Augen zu schauen, ihre Stimme zu hören.

6. Lieben Sie sie realistisch

Auch wenn das wie ein Widerspruch klingt: Sie müssen Ihre Frau nicht nur romantisch, sondern auch realistisch lieben. Wenn sie das Gefühl hat, daß Sie sie idealisieren, wird sie Angst haben, Sie zu enttäuschen. Keine Frau möchte auf einem Sockel leben. Geben Sie Ihrer Frau die Geborgenheit, zu wissen, daß Sie sie so sehen, wie sie ist, und daß Sie sie mit einer unerschütterlichen Liebe lieben. Wenn Ihre Frau über ihr eigenes Aussehen entsetzt ist, ihr Selbstwertgefühl völlig zerstört und sie sich wegen ihrer Launen und ihres Verhaltens selbst nicht leiden kann, gerade dann hat sie es am nötigsten, zu wissen, daß Sie sie lieben. Also sagen Sie es ihr – zeigen Sie es ihr, indem Sie sie trösten –, und vergessen Sie nicht, welche Macht Lob und Komplimente haben.

Der Ehemann/Liebhaber im Hohelied Salomos gibt allen Ehemännern ein Beispiel, das sie befolgen können, um dieses Bedürfnis bei ihren Frauen zu stillen. Seine Braut, deren Hautfarbe von der Arbeit in den Weinbergen tief gebräunt ist, fühlt sich gegenüber den eleganten, verwöhnten, weißhäutigen Frauen am Hofe minderwertig. Ihr Mann, der ihre Gefühle versteht, baut geschickt und liebevoll durch Loben ihr Selbstbild auf. Er lobt sie einfühlsam in den Bereichen, in denen sie sich am unsichersten fühlt. Er drückt sein Wohlgefallen an ihrer äußeren Erscheinung und ihrem liebenswerten Charakter nicht nur in Allgemeinplätzen, sondern in konkreten Einzelheiten aus. Er nennt sie „ganz und gar schön". Aber das sagt er nicht nur, als er um sie wirbt oder in der Hochzeitsnacht. Er lobt sie auch dann noch weiter, als ihre Ehe reifer wird.

Lieber Ehemann, Ihre Frau muß wissen, daß Sie sie so sehen, wie sie ist, und daß Sie sie schön finden – innerlich und äußerlich. Dadurch wird in ihr sogar ein strahlender, neuer Liebreiz entstehen, an dem Sie Ihre helle Freude haben werden. Frauen, die glauben, daß sie schön seien, *sind* auch schön.

Eine Ehefrau erzählte uns: „Diese Woche war ich sehr niedergeschlagen. Ich muß dringend fünfzehn Pfund abnehmen, ich hasse meine neue Frisur, und außerdem bin ich erkältet. Ich bin ständig müde, meine Augen sind gerötet, und ich habe das Gefühl, nichts richtig zu machen. Wissen Sie, was mein Mann gemacht hat? Er hat mich umarmt und mich sehr tief und prüfend angeschaut. Und dann hat er gesagt: ‚Ich finde dich ganz und gar schön.' So wie er das sagte, wußte ich, daß er es auch so meinte. Ich glaube ganz bestimmt, daß dieser Moment mein Leben verändert hat. Ich werde ihm das nie vergessen!"

7. Lieben Sie sie opferbereit

Es wäre einfach, dies so zu definieren: Lieben Sie Ihre Frau so sehr, daß Sie für sie sterben würden. Manche Ehemänner lieben ihre Frauen so sehr. Aber nur wenige werden diesen Härtetest bestehen müssen.

Aber die eigentliche Frage lautet: Lieben Sie Ihre Frau genug, um für sie zu *leben?* Auch dazu bedarf es einer opferbereiten Hingabe.

170

Eine Ehefrau sagte wehmütig: „Mein Mann ist so gut zu mir. Ich glaube, er würde sogar ohne Rücksicht auf Verluste sein Leben lassen, um mich vor Schaden zu bewahren. Er würde alles für mich hingeben. Es ist nur leider so, daß er nicht alles mit mir teilen will. Ich meine, er will sich selbst und sein Leben nicht mit mir teilen. Ich empfinde immer eine gewisse Distanz – und das tut weh."

D. Small erinnert uns daran, daß Fürsorge eine heilige, uns anvertraute Aufgabe ist; wir schulden am Ende Gott Rechenschaft darüber, wie wir für unseren Ehepartner gesorgt haben. Er stellt einige ernstzunehmende Fragen, über die wir sorgfältig nachdenken sollten:

„Bin ich bereit, all meine Wertvorstellungen und Aktivitäten der Fürsorge unterzuordnen und diese zum ersten Ziel meiner Ehe werden zu lassen?

Bin ich bereit, mich den neuen Anforderungen und der neuen Disziplin zu stellen, die mir die Fürsorge auferlegt?

Bin ich bereit, den äußersten Preis der Fürsorge zu zahlen: immer wieder Verzicht und Selbstverleugnung zu üben, wie es die Fürsorge gerade verlangt?"[6]

Er erläutert:

„Fürsorge hat es an sich, alle anderen Aktivitäten und Wertvorstellungen zu beeinflussen. ... Viele Dinge, die man bisher für wichtig hielt, werden nun an Bedeutung verlieren, und Dinge, die mit Fürsorge zu tun haben, werden neue Wichtigkeit erlangen. Was sich als unvereinbar mit der Fürsorge erweist, müssen Sie ausmerzen; was sich als irrelevant für die Fürsorge erweist, müssen Sie unterordnen. Mit anderen Worten, Sie müssen die Bedingungen wahren, durch die Fürsorge möglich wird.

Das ist keine leichte Aufgabe. Dieser Prozeß geschieht nicht automatisch, sondern er erfordert bewußtes und ständiges Wachen über all Ihre Lebensbereiche. Je kostbarer eine Beziehung ist, desto mehr lohnt es sich, sie zu schützen. Zeigen Sie also durch die Maßnahmen, die Sie ergreifen, um eine Beziehung zu schützen, und durch die Opfer, die Sie erbringen, um sie zu erhalten, wie wertvoll die Beziehung in Ihren Augen ist. Füreinander sorgende Partner werden realistisch die Kosten überschlagen und sich verpflichten, sie zu bezahlen."[7]

Sie lieben Ihre Frau dann opferbereit, wenn ihr Glück und Wohlergehen Ihnen wichtiger ist als Ihr eigenes und wenn Sie bereit sind, sich selbst ohne Rücksicht auf Verluste für ihr Wohlergehen hinzugeben.

Ihre Frau so zu lieben, wie Gott es vorgesehen hat, ist die Herausforderung Ihres Lebens. Deshalb erhoffen wir uns, daß Sie dieses Kapitel um Ihrer Ehe willen immer wieder lesen werden. Jeder Ehemann sollte diese wichtigen Prinzipien der Liebe stets vor Augen haben. Vergessen Sie nicht, daß derselbe Gott, der diese Anweisungen gab, Ihnen auch die Kraft, die Weisheit und das Einfühlungsvermögen geben wird, sie mit Ihrer geliebten Frau zu verwirklichen.

Den eigenen Mann lieben lernen: Handbuch für Ehefrauen

Wenn sich die Verantwortung des Ehemannes in dem einen Satz „Liebe deine Frau!" zusammenfassen läßt, dann kann man auch die Berufung der Ehefrau in wenigen Worten ausdrücken: „Erwidere die Liebe deines Mannes!"

Wie wir im letzten Kapitel erörtert haben, steckt die biblische Anweisung „Liebt eure Frauen" voller Bedeutungen. Und wenn wir in der Bibel forschen, was alles zu der Verantwortung einer Frau gehört, entdecken wir, wie umfassend und bedeutend ihre Rolle ist.

Viele junge Frauen heiraten, ohne zu ahnen, was für großartige Möglichkeiten sich ihnen in der ehelichen Beziehung auftun. Zum Beispiel beklagte sich neulich eine Ehefrau: „Ich liebe und respektiere meinen Mann. Und ich weiß es zu schätzen, wie sehr er mir mit den Kindern und im Haus hilft. Aber ich bin frustriert, weil er nicht glaubt, daß er mir wichtig ist. Er kann offenbar nicht verstehen, daß es mir sehr schwer fällt, körperlich zu reagieren oder auch nur meine Anerkennung mit Worten auszudrücken!"

Unser Rat an diese Ehefrau gilt auch für jede andere, die dieses Kapitel liest: Sie müssen daran denken, daß es nur einen Weg gibt, Ihren Mann davon zu überzeugen, daß Sie ihn lieben, nämlich Ihre liebevolle Erwiderung – eine Erwiderung, die er täglich sehen, hören, berühren, fühlen und genießen kann; eine Erwiderung, die das Körperliche einschließt, aber auch jeden anderen Bereich seines Lebens berührt. Das ist Ihr Beitrag zu einer von Liebe erfüllten, beständigen Ehebeziehung. Viele Ehefrauen, die mit ihren Männern ein lebenslanges Liebesverhältnis genossen haben, bezeichnen dies als das Geheimnis ihres „Erfolges".

Ein Ehemann hat einfach Freude an einer Frau, die positiv auf ihn reagiert. Und (das soll keine Entschuldigung sein) wenn er sie zu Hause nicht findet, sucht er oft woanders. Gary Smalley warnt:

> „Das Selbstvertrauen eines Mannes hängt direkt davon ab, wie andere auf ihn reagieren. Ein Mann wendet seine Zuneigung denen zu, die positiv auf ihn reagieren, und entzieht sie denen, die das nicht tun."[1]

Das Selbstvertrauen Ihres Mannes liegt in Ihren Händen, damit Sie es sicher bewahren. Die Art und Weise, wie Sie auf ihn reagieren, ist auch ein starker Hinweis darauf, was für ein Leben Sie miteinander führen und führen werden. Es ist keine Übertreibung zu sagen, daß Ihre Reaktion (ob negativ oder positiv) den Ton in Ihrem Zuhause und die Qualität Ihrer Beziehung bestimmen und sich – zum Guten oder Schlechten – in jedem Fall auf das Gelingen Ihrer Ehe auswirken wird. Weil Gott Sie darauf angelegt hat, auf die opferbereite, schützende Liebe Ihres Mannes zu reagieren, würde Ihnen etwas unendlich Wertvolles entgehen, wenn Sie diesen Aspekt seiner Vorstellung ignorierten.

Bevor wir uns den biblischen Anweisungen für Ehefrauen zuwenden, möchten wir, daß Sie zwei Dinge bedenken.

Erstens: Machen Sie sich die speziellen Fähigkeiten bewußt, die Gott Ihnen als Frau gegeben hat, um Ihre Rolle auszufüllen. Falls man Ihnen in Ihrer Kindheit keine ungesunden Hemmungen eingetrichtert hat, macht es Sie vermutlich froh, Ihre natürlichen Fähigkeiten zum Aufbau liebevoller Beziehungen zu gebrauchen. Sie haben eine instinktive Fähigkeit zu lieben, zu kuscheln, zu nähren, und einen angeborenen Wunsch danach, sich selbst denen zu

schenken, die Sie lieben. Sie haben die Gabe, intuitiv, liebevoll und personenbezogen zu sein. Höchstwahrscheinlich
denken Sie in konkreten, persönlichen Einzelheiten statt in
allgemeinen Gedanken, und relevante Fakten sind Ihnen
wichtiger als theoretische Diskussionen. Es fällt Ihnen
leicht, Ihre inneren Gefühle mitzuteilen und Vorgänge unter der nach außen sichtbaren Oberfläche wahrzunehmen.
Zumindest potentiell haben Sie die Gabe, den Menschen,
die Sie lieben, mit dem Herzen zuzuhören.

Einige dieser Fähigkeiten mögen bisher noch unentwik-
kelt sein. Einige sind vielleicht durch jahrelange Belastung
im Arbeitsleben erstickt worden. Eine berufstätige Ehefrau
sagte uns einmal: „Heutzutage ist es schwerer, eine Frau zu
sein. Es ist, als müßte ich zwei ganz verschiedene Personen
darstellen, und das alles innerhalb von vierundzwanzig
Stunden. Ich liebe meinen Beruf, aber ich möchte nicht die
Eigenschaften verlieren, die mich für meinen Mann und
meine Kinder zu etwas Besonderem machen!"

In einer Untersuchung fand Harriet Braiker heraus, daß
Frauen zwar heute unter einem weitaus größeren Arbeits-
und Erfolgsdruck stehen als ihre Vorläuferinnen, daß sich
jedoch an ihrer festgelegten Rolle, auf die emotionalen Bedürfnisse anderer einzugehen, praktisch nichts geändert
hat.[2]

Doch wie fordernd oder unbequem sie auch sein mag, die
meisten Frauen wollen diese ursprüngliche Rolle nicht aufgeben oder ihre einzigartigen Fähigkeiten gegen eher
männliche Eigenschaften eintauschen. Dr. Braiker führt
aus:

„Obwohl Frauen erfolgreich sein wollen, ja erfolgreich
sein müssen, wollen nur wenige ihre kooperative Natur
aufgeben und durch männliches Konkurrenzdenken ersetzen. Obwohl Frauen sich danach sehnen, kompetent
und unabhängig zu sein, möchten nur wenige auf ihr pa-
ralleles Bedürfnis verzichten, von einem Mann geliebt
und umhegt zu werden; nur wenige Frauen würden ihre

175

Emotionalität und ihr Bedürfnis nach Intimität gegen kalte Rationalität und soziale Zurückgezogenheit eintauschen."[3]

Ihre Schlußfolgerung ist: Frauen wollen heute zwar auf eine sinnvolle Weise, die mehr ist als das Privileg, Kinder zu gebären und aufzuziehen, an der Gesellschaft teilhaben. Aber „die meisten amerikanischen Frauen [wollen] immer noch dasselbe, was sie immer gewollt haben – einen Mann und eine Familie, oder zumindest eine dauerhafte Liebesbeziehung zu einem Mann."[4]

Wie wir den Ehemännern im achten Kapitel nahegelegt haben, wird ein Mann, der seine Frau lieben und umhegen will, ihr emotionales und körperliches Wohlergehen schützen und ihr helfen, ihre gewählte Rolle im Zuhause zu genießen, auch wenn sie aus Notwendigkeit oder aus freier Entscheidung heraus außerhalb arbeitet. Keine Frau kann erwarten, allen alles recht machen zu können, und diejenige, die es versucht, wird bald merken, daß sie zu ausgelaugt ist, um auf die Menschen einzugehen, die sie am meisten brauchen. Wir betrachten die gewaltige kulturelle Umwälzung in unserem Land, durch die mehr als neunzehn Millionen Ehefrauen und Mütter in die Arbeitswelt gelangt sind, als eine zusätzliche Möglichkeit für Ehemänner, ihre Frauen unter sich verändernden Bedingungen zu lieben und zu schützen. Die Bibel spricht in alle Kulturen und alle Zeiten hinein, und wir können uns nicht herausreden, daß „diese Wahrheit einfach nicht mehr gültig ist". Das Prinzip, daß Ehemänner ihre Frauen so lieben sollen, wie Christus die Gemeinde liebt, und daß ihre Frauen diese Liebe erwidern sollen, gilt für jede Kultur.

Nun wollen wir gemeinsam über Möglichkeiten nachdenken, wie Sie auf Ihren Mann reagieren können. Wenn Sie erst jung verheiratet sind, können Sie noch nicht alles wissen, was er braucht oder wonach er sich sehnt. Aber lassen Sie uns einige der Dinge auflisten, die sich nahezu jeder Ehemann von seiner Frau wünscht.

Ihr Mann braucht Ihre körperliche Reaktion beim Liebesspiel.

Er braucht Ihre emotionale Reaktion, indem Sie ihn „umhegen".

Er braucht Ihre praktische Reaktion, indem Sie ihm helfen, Ihr gemeinsames Zuhause und Ihre Familie zu gründen und zu erhalten (wozu durchaus auch finanzielle Hilfe gehören kann).

Ihr Mann braucht außerdem Ihre Ermutigung in allen Aktivitäten, für die er sich interessiert oder zu denen er sich berufen fühlt.

Am meisten braucht er es vielleicht, daß Sie ihm immer wieder Ihre ehrliche Achtung und Bestätigung für ihn als einen Mann, der sich den Herausforderungen des Lebens stellt und sie besteht, entgegenbringen.

Dies sind die Bedürfnisse und Wünsche eines Mannes. Wenn Sie meinen, das sei zuviel verlangt, bedenken Sie bitte folgendes: Wonach der Mann hungert, entspricht fast genau den Richtlinien des Schöpfers für die Ehefrau.

Die Bibel übermittelt uns diese Richtlinien auf verschiedenen Wegen. Sie erscheinen als Tatsachenfeststellungen, als Beispiele und als Anordnungen. Obwohl vier oder fünf irdische Autoren sie über einen Zeitraum von 1 500 Jahren niedergeschrieben haben, können wir eine erstaunliche Stimmigkeit in ihrer Botschaft wahrnehmen – ein Hinweis dafür, daß eine einheitliche Absicht dahintersteht, die Absicht Gottes, uns in unserem Eheleben Segen und Glück zu schenken.

Unser Streifzug durch die Bibel auf der Suche nach Hinweisen, wie Ehefrauen ihre Männer lieben lernen können, wird uns vom Schöpfungsbericht im 1. Buch Mose zur Weisheit der Sprüche Salomos führen; weiter durch romantische, duftende Gärten im Hohenlied Salomos bis ins Neue Testament, wo Paulus' Briefe an Timotheus und Titus eine wunderbar konkrete und präzise Aussage darüber enthalten, was eine positiv reagierende Ehefrau *ist* und was sie *tut*. Wir werden schließen mit dem Epheserbrief und dem

1. Petrusbrief, die uns zwei Dinge aufzeigen, die jede Frau wissen sollte: zum ersten das beste Geschenk, das sie ihrem Mann machen kann; und zum zweiten, was sie in seinen Augen am schönsten macht.

Beachten Sie zur Orientierung auf diesem Streifzug folgendes: Sie werden feststellen, daß alles, was eine Frau für ihren Mann tun kann, sich in drei Möglichkeiten, ihn zu lieben, einordnen läßt: Eine Frau liebt ihren Ehemann und stillt seine Bedürfnisse, indem sie (1) ihm hilft; (2) emotional und körperlich auf ihn eingeht; und (3) ihn respektiert.

Während Sie Tag für Tag mit ihm umgehen, werden Sie in diesen Bereichen auf seine Bedürfnisse eingehen (oder sie ignorieren). In der hektischen Arena des Alltags läßt sich freilich nichts säuberlich in Kategorien einordnen, so daß sich diese Arten, ihn zu lieben, miteinander vermischen werden; aber es wird Ihnen eine Hilfe sein, sie sich unabhängig voneinander zu denken, sich daran zu erinnern, was er braucht, und zu analysieren, wie gut Sie mit der Herausforderung, Ihren Mann zu lieben, zurechtkommen.

Im 1. Buch Mose: Seine Gehilfin

Wir beginnen mit dem „Buch des Beginns", das uns berichtet, wie Gott die Frau erschuf. Sie wurde gemacht, um den Mann zu ergänzen, weil er einsam und unvollständig war. Sie vervollkommnete ihn und machte ihn ganz und vollständig. Ihr erster beschreibender Titel war *Gehilfin*.

„Und Gott der Herr sprach: Es ist nicht gut, daß der Mensch allein sei; ich will ihm eine Gehilfin machen, die um ihn sei. Und Gott der Herr machte aus Erde alle die Tiere auf dem Felde und alle die Vögel unter dem Himmel und brachte sie zu dem Menschen, daß er sähe, wie er sie nennte; denn wie der Mensch jedes Tier nennen würde, so sollte es heißen. Und der Mensch gab einem jeden

178

Vieh und Vogel unter dem Himmel und Tier auf dem Felde seinen Namen; aber für den Menschen ward keine Gehilfin gefunden, die um ihn wäre. Da ließ Gott der Herr einen tiefen Schlaf fallen auf den Menschen, und er schlief ein. Und er nahm eine seiner Rippen und schloß die Stelle mit Fleisch. Und Gott der Herr baute ein Weib aus der Rippe, die er von dem Menschen nahm, und brachte sie zu ihm" (1. Mose 2,18-22).

Stellen Sie sich Adam in einer vollkommenen Umgebung vor – aber allein. Er hatte die Gemeinschaft mit Gott und die Gesellschaft der Vögel und Tiere, dazu die faszinierende Aufgabe, alle lebenden Geschöpfe zu beobachten, einzuteilen und zu benennen. Aber weil er allein war, war das alles *nicht gut.* Darum sorgte der Schöpfer für eine vollkommene Lösung: Er machte ein weiteres Geschöpf, das wie der Mann war und doch auf wunderbare Weise anders. Sie war von ihm genommen, und dennoch vervollkommnete sie ihn erst. Gott machte sie so, daß sie geistlich, geistig, emotional und körperlich vollkommen zu ihm paßte. Als Adam sie zum ersten Mal sah, reagierte er mit Freude und einem Gefühl der Zugehörigkeit. Er erkannte sie als „die Gehilfin, die um ihn sei".

Wir können sicher sein, daß die Frau vor dem Sündenfall voller Freude auf ihren Mann und Geliebten reagierte und ihm gerne half. Heute fassen manche Frauen ihren Titel „Gehilfin" als untergeordnete Stellung auf, wie die eines Dienstboten oder eines Kindes. Das ist hier jedoch ganz und gar nicht gemeint! In der Originalsprache der Bibel bezieht sich der Titel *Gehilfin* auf eine Beziehung zum beiderseitigen Nutzen, in der eine Person einer anderen als Freundin und Verbündete zur Seite steht. Genau dasselbe hebräische Wort wird in mehreren Psalmen als Bezeichnung für Gott selbst verwendet. Psalm 46,2 nennt Gott unseren *Gehilfen* – „eine Hilfe in den großen Nöten, die uns getroffen haben". Oder Psalm 70,6: „Ich aber bin elend und arm; Gott, eile zu mir! Du bist mein *Helfer* und mein Erretter..."

Oder Psalm 115,10: „Das Haus Aaron hoffe auf den Herrn! Er ist ihre *Hilfe* und Schild. "

Eine Ehefrau erzählte uns, welches Gefühl der Geborgenheit ihr Mann ihr vermittelte, wenn er sich dicht neben sie setzte, ihre Hand berührte oder seinen Arm leicht um sie legte. Als sie ihm dafür dankte, lächelte er sie an. „Weißt du denn nicht", sagte er, „daß ich von dir Kraft empfange?"

Das illustriert ein biblisches Prinzip, das Sie sich merken sollten: Sie können zwar im Laufe Ihrer Ehe viele Dinge *tun,* die Ihrem Mann guttun, aber am meisten werden Sie ihm durch das helfen, was Sie *sind.* Ihr Charakter ist es, was wirklich zählt, wenn es darum geht, ihn zu stärken und zu vervollständigen – sogar beim Regeln Ihrer gemeinsamen Angelegenheiten und bei der Erziehung Ihrer Kinder. Ihr Charakter drückt sich natürlich in Ihrem Verhalten aus. Es ist das einzige äußere Merkmal, an dem andere erkennen können, wie Sie innerlich sind. Unsere Zwischenstation im Buch der Sprüche lenkt unsere Aufmerksamkeit auf den Charakter der Frau in ihrer Rolle als vertraute Partnerin ihres Mannes. Die zweitbeste Möglichkeit, Ihrem Mann zu helfen, besteht darin, ihn in allem, was er tut, zu ermutigen (wozu praktische Hilfe ebenso wie emotionale Unterstützung gehören kann). Ebenso wichtig ist es, daß Sie ihm durch Trost zur Seite stehen, wenn Dinge schiefgehen.

Der Psychiater Paul Tournier erläutert das Bedürfnis des Mannes nach dem Trost seiner Frau:

„Eine der höchsten Funktionen einer Ehefrau besteht darin, ihren Mann bei allen Schlägen, die er im Leben einsteckt, zu trösten. Doch um zu trösten, braucht sie nicht viel zu sagen. Es reicht aus, ihm zuzuhören, ihn zu verstehen, ihn zu lieben. Schauen Sie sich die Mutter an, deren Kind sich weinend auf ihren Schoß flüchtet. Sie sagt kein Wort, und doch sind die Tränen im Nu verschwunden, das Kind springt herunter, strahlt über das ganze Gesicht und stürzt sich von neuem hinaus in die Welt, wo es neue Schläge einstecken wird. In jedem

Mann, auch in dem berühmtesten und scheinbar stärksten, steckt noch etwas von dem Kind, das getröstet werden will.["]5

Wenn Sie im Gedächtnis behalten, daß eine Gehilfin eine *Freundin und Verbündete* ist, und Ihre Reaktionen stets an diesem Maßstab messen, werden Sie zu der Gehilfin werden, zu der Gott Sie machen will. Ihr Mann wird Ihre Hilfe als Zeichen wahrnehmen, daß Sie ihn lieben, und seine Reaktion wird darin bestehen, daß er Sie um so mehr liebt. Helfen bedeutet auch, die kleinste Sache mit einer fröhlichen, liebevollen Haltung für ihn zu tun. Es erfordert nur wenig Mühe, im rechten Augenblick die nötige Freundlichkeit aufzubringen.

Im Buch der Sprüche: Seine vertraute Partnerin

Wir werden nun einen Abschnitt der Bibel betrachten, der einer Frau, die ihren Mann lieben lernen möchte, so viel zu sagen hat, daß wir ihn Wort für Wort hier aufnehmen möchten. Wir haben ihm einen Titel gegeben: *Idealbild einer Ehefrau: Das große ABC,* da in der hebräischen Sprache jeder der zweiundzwanzig Verse mit dem jeweils folgenden Buchstaben des Alphabets beginnt. Mit anderen Worten, in diesem Abschnitt steckt sorgfältigste Denkarbeit. Er kann Ihnen wahre Reichtümer der Weisheit erschließen, wenn Sie sich ganz und gar auf ihn einlassen.
  Bitte lesen Sie diese Verse mehrmals. Prüfen Sie, was diese zeitlosen Prinzipien Ihnen als Frau an der Schwelle zum einundzwanzigsten Jahrhundert zu sagen haben. Nehmen Sie seine Botschaft bis in Ihr Innerstes auf, bis Sie spüren können, was es bedeutet, Ihr Leben lang die vertraute Partnerin Ihres Mannes zu sein. Denken Sie darüber nach,

wie Sie zu einer solchen Ehefrau werden können. Bedenken Sie auch, welchen Lohn Ihnen das langfristig einbringen wird.

IDEALBILD EINER EHEFRAU: DAS GROSSE ABC

„Wem eine tüchtige Frau beschert ist, die ist viel edler als die köstlichsten Perlen.

Ihres Mannes Herz darf sich auf sie verlassen, und Nahrung wird ihm nicht mangeln.

Sie tut ihm Liebes und kein Leid ihr Leben lang.

Sie geht mit Wolle und Flachs um und arbeitet gerne mit ihren Händen.

Sie ist wie ein Kaufmannsschiff; ihren Unterhalt bringt sie von ferne.

Sie steht vor Tage auf und gibt Speise ihrem Hause, und dem Gesinde, was ihm zukommt.

Sie trachtet nach einem Acker und kauft ihn und pflanzt einen Weinberg vom Ertrag ihrer Hände.

Sie gürtet ihre Lenden mit Kraft und regt ihre Arme.

Sie merkt, wie ihr Fleiß Gewinn bringt; ihr Licht verlischt des Nachts nicht.

Sie streckt ihre Hand nach dem Rocken, und ihre Finger fassen die Spindel.

Sie breitet ihre Hände aus zu dem Armen und reicht ihre Hand dem Bedürftigen.

Sie fürchtet für die Ihren nicht den Schnee; denn ihr ganzes Haus hat wollene Kleider.

Sie macht sich selbst Decken; feine Leinwand und Purpur ist ihr Kleid.

Ihr Mann ist bekannt in den Toren, wenn er sitzt bei den Ältesten des Landes.

Sie macht einen Rock und verkauft ihn, einen Gürtel gibt sie dem Händler.

Kraft und Würde sind ihr Gewand, und sie lacht des kommenden Tages.

Sie tut ihren Mund auf mit Weisheit, und auf ihrer Zunge ist gütige Weisung.
Sie schaut, wie es in ihrem Hause zugeht, und ißt ihr Brot nicht mit Faulheit.
Ihre Söhne stehen auf und preisen sie, ihr Mann lobt sie: ‚Es sind wohl viele tüchtige Frauen, du aber übertriffst sie alle.‘
Lieblich und schön sein ist nichts; ein Weib, das den Herrn fürchtet, soll man loben.
Gebt ihr von den Früchten ihrer Hände, und ihre Werke sollen sie loben in den Toren!“ (Sprüche 31,10-31).

Beim ersten Lesen denken wir vielleicht: „Die Dame hat sich ja ganz schön abgerackert!“ Zählen Sie nur einmal die aktiven Verben. Von mindestens zwanzig Dingen wird uns berichtet, die sie *tut,* und der letzte Vers versichert uns, daß ihre *Werke* ihr das Lob der Stadt eintragen. Sie ist offensichtlich eine „befreite“ Frau, eine Frau mit vielen Rollen, die gut in unser Jahrhundert passen würde. Eine berufstätige Ehefrau unserer Zeit kann Respekt haben vor dieser kompetenten, kreativen, energischen Geschäftsfrau, die es schaffte, ihr Leben so im Gleichgewicht zu halten, daß weder ihre Arbeit noch ihr Gottesdienst noch ihre Rolle als Frau vernachlässigt wurde.

Was tat sie für ihren Ehemann? Nun, zunächst wirkte sie als seine gleichberechtigte Partnerin vollkommen vertrauenswürdig. Das Wort *bereitwillig* faßt ihre Einstellung zu ihrer Arbeit und ihrer Lebensweise zusammen. Sie leitete ihren Haushalt gut; sie nützte der Familie finanziell durch ihr gutes Einkommen, welches sie durch ihre kreativen Unternehmungen erzielte; sie machte ihrem Mann durch ihr gutes Ansehen in der Gemeinde Ehre; sie erzog ihre Kinder mit wachsamer Anteilnahme, beaufsichtigte die Dienerschaft und übernahm die Verantwortung für deren Bedürfnisse; sie half den Armen in der Gemeinde. Außerdem machte sie ihrem Mann Ehre durch die äußere Erscheinung ihrer Familie, die gepflegte Einrichtung des Hauses und ihr eigenes königliches Äußeres, da sie sich nicht nur in feines weißes Leinen und Purpur kleidete, sondern auch in „Kraft und Würde".

Diese Frau sah gut aus, und sie war gut! Sie füllte ihre ehrenvolle Stellung mit einem dienenden Herzen aus, das sich selbst vergessen konnte, um anderen zu helfen. Sie sprach mit Weisheit und Güte. Wenn die Familie unerwartet unter Druck stand, regierte das „Gesetz der Freundlichkeit" ihre Zunge. Sie sorgte dafür, daß sie selbst und ihre Familie auf alles vorbereitet waren. Heute könnten wir sagen: „Sie hatte alles im Griff."

Was ihre Beziehung zu ihrem Mann angeht, so wissen wir, daß er stolz auf sie war; er wußte, wie schwer es ist, eine solche Frau zu finden, und er schätzte sie „viel edler" ein als Juwelen. Er vertraute ihr rückhaltlos und verließ sich auf sie. Er wußte, daß sie ihn trösten und ermutigen und ihm stets wohltun würde. Er lobte sie voll Freude und war immer bereit, sie vor aller Welt in den höchsten Tönen zu loben. Er respektierte sie. Er ehrte sie. Und sie genoß sein Lob und seine Anerkennung.

Diese Frau könnte den meisten Ehefrauen einen Minderwertigkeitskomplex verschaffen! Doch ein gründlicherer Blick auf diesen Abschnitt offenbart zum Glück etwas, das mehr bedeutet als nur positives Handeln und sichtbare gute Taten. Dies ist nicht einfach die Erfolgsstory einer biblischen Superfrau, darauf angelegt, die normale Ehefrau zu frustrieren, die sich tapfer abmüht, ihren Mann bei Laune, ihre Kinder gesund und ihr Heim in Ordnung zu halten, während sie gleichzeitig ihrem Beruf nachgeht und in der Sonntagsschule mitarbeitet.

Nein, dieser Bibelabschnitt birgt eine interessante Lektion zum Thema *Charakter*. Die Botschaft an Ehefrauen ist folgende: Das Wichtigste, was eine Frau für den Mann, den sie liebt, tun kann, ist, Charakterstärke zu entwickeln, indem sie Gott liebt und ihn anbetet. Die Beziehung einer Frau zu Gott, ihrem Herrn, bringt die Lebensqualität hervor, von der wir hier lesen. Dies prägt ihren Charakter und ihr Verhalten, die ihrem Mann Ehre und ihrem ganzen Haus Segen bringen.

Ein edler Charakter – Stärke – Würde – Weisheit – Freundlichkeit: Diese kostbaren Merkmale können die Ihren werden, wenn Sie danach verlangen und Ihr Leben lang danach trachten. Gott ist treu; er wird sie in Ihnen entstehen lassen, wenn Sie nur mit ihm zusammenarbeiten. Die beste Möglichkeit, damit anzufangen, ist, die Wahrheit der Heiligen Schrift in sich aufzunehmen. Die Frau, von der der vorhergehende Bibelabschnitt erzählt, war in der Lage, eine geliebte Ehefrau, eine geehrte Mutter, eine Führerin ihres Haushalts, eine fähige Geschäftsfrau, eine Freundin der Bedürftigen und ein geachtetes Mitglied der Gemeinde zu werden, *weil ihr Augenmerk stets auf dem Herrn und seiner Kraft blieb.* Sie besaß geistliche Schönheit, die im Laufe der Zeit immer mehr zunahm.

Ein junger Ehemann erzählte uns von einem Erlebnis, das er hatte, als er diese Qualitäten an seiner Frau entdeckte und sie auf noch tiefere Weise zu lieben begann. „Wir hatten ein ziemliches Mißverständnis", sagte er. „Ich hatte ihr Worte an den Kopf geworfen, die sie verletzt hatten. Und das nur wenige Minuten, bevor andere Ehepaare zu unserem Bibelkreis zu uns kamen. Ich wußte, wie verletzt sie war. Aber ich sah, wie sie darüber hinauswuchs und ihre Gedanken fest auf das Wort Gottes richtete. Ich hörte sie einige bemerkenswerte Wahrheiten weitergeben, die anderen eine Hilfe waren. Sie kümmerte sich freundlich und großzügig um unsere Gäste. Selbst als ihre Augen sich für einen Moment verdunkelten und ich wußte, daß sie sich wieder an die Verletzung erinnerte, ließ sie sich nicht beirren. Ich erlebte die Realität ihres Glaubens, und mir wurde klar wie nie zuvor, was für ein Glück ich hatte, eine solche Frau gefunden zu haben! Ich konnte es kaum erwarten, wieder mit ihr allein zu sein und die Sache in Ordnung zu bringen – sie um Vergebung zu bitten und den Schmerz wegzuküssen und ihr zu sagen, wie kostbar sie für mich ist."

Dr. Wheat schildert aus seiner Sicht als älterer Ehemann,

wie er seine Frau sieht: „Als älterer Ehemann bedeutet es mir unendlich viel, zu wissen, daß ich mich in allen Schwierigkeiten des Lebens auf meine Frau genauso verlassen kann wie in den guten und „normalen" Zeiten. Ich kann mich verlassen auf ihre Integrität, ihre Hingabe, ihre Weisheit, ihre Freundlichkeit, ihre Fähigkeit, mit Dingen fertigzuwerden, und ihre Entschlossenheit, zu tun, was gerade notwendig ist, um mir und unserer Familie zu helfen. Sprüche 31 ist für mich die Schilderung meiner eigenen vertrauten Partnerin, die immer da ist, wenn sie gebraucht wird."

Wenn Sie Ihren Mann lieben und möchten, daß er für jeden Tag seines Lebens, den er mit Ihnen verheiratet ist, dankbar ist, dann nehmen Sie die Frau aus Sprüche 31 zum Ansporn für Ihre Liebe.

IM HOHENLIED SALOMOS: SEINE FREUNDIN, SEINE GELIEBTE

Ist es möglich, auch noch lange nach den Flitterwochen eine leidenschaftliche, romantische Liebesbeziehung zu Ihrem Mann zu haben? Gott hat uns dieses wunderbare kleine Buch über Liebe und Ehe geschenkt, das diese Frage mit Ja beantwortet!

Betrachten Sie das Beispiel der Sulamith, der wir zuerst als einem Mädchen begegnen, das umworben wird, dann als strahlender Braut und schließlich als erfahrener Ehefrau. Häufig nennt ihr Mann sie seine Freundin, seine Geliebte – Worte, die in der hebräischen Sprache mit dem körperlichen Ausdruck romantischer Liebe zusammenhängen, mit Küssen und Liebkosungen. Beachten Sie, daß diese Frau von ihrem Mann verehrt wurde, weil sie körperlich und emotional positiv auf ihn reagierte.

Wenn Sie lernen wollen, wie sich das Feuer einer fortbestehenden Liebesaffäre mit Ihrem Mann in Gang halten läßt, dann studieren Sie Sulamiths Verhalten und ihre Reaktionen. Analysieren Sie sie. Sie werden feststellen, daß die Liebe ihres Mannes sie aufwühlte und erregte, und das ließ sie ihn spüren! Sie dachte an ihn mit Sehnsucht, wenn er nicht bei ihr war, und wenn sie zusammen waren, dann konzentrierte sie ihre Blicke und ihr Gespräch auf ihn, machte ihm Komplimente über sein Aussehen, drückte ihre Freude über sein geschicktes Liebesspiel aus und ließ ihn stets wissen, wie sehr sie ihn als Mann achtete.

Sie sehnte sich nach seinen Küssen, reagierte auf seine Berührungen und tanzte sogar zu seiner Freude. Gegen Ende des Buches, als die beiden schon ein gutes Stück über die Phase des Jung-Verheiratetseins hinaus waren, versprach sie ihm noch mehr körperliche Wonnen und schmiedete Pläne für ihre gemeinsame romantische Zeit.

Eine Ehefrau, die ihren Mann lieben will, *wird* körperlich und emotional auf ihn ansprechen. Für die meisten Männer ist das die *conditio sine qua non* einer Ehe – das eine essentielle Element. Die meisten Männer würden nicht heiraten, wenn sie nicht auf lange Sicht mit dieser Reaktion rechneten. Nur wenige Frauen können sich den Schmerz vorstellen, den Dr. Wheat beobachtet, wenn er Männer berät, die von ihren Frauen körperlich abgelehnt werden. Im Schlafzimmer werden sie abgewiesen, in der Küche werden sie beiseite geschoben, wenn sie ihrer Frau einen Kuß geben wollen, und wenn sie im Wohnzimmer mit einer zärtlichen Geste kommen, wird ihnen die kalte Schulter gezeigt. Das hat verheerende Auswirkungen.

Wenn eine Frau nicht auf ihren Mann anspricht, empfängt er eine eindeutige Botschaft von Ihnen. Er wird sich nicht geliebt fühlen, es sei denn, Sie zeigen ihm, daß Sie nach körperlicher Zuwendung von ihm verlangen. Und Sie sollten wissen, daß eine „Aus-dem-Häuschen-Reaktion" ihrerseits auf seine leidenschaftliche Liebe für ihn die höchste Wonne ist. Es steht in Ihrer Macht, Ihre Beziehung zu besiegeln, indem Sie beständig auf ihn ansprechen.

Ein Ehemann erklärte: „Ich muß immer an ein Weben

eines Bandes denken, fast wie das Weben des Bandes zwischen einer Mutter und einem Neugeborenen. Daß meine Frau einfach ‚für mich da' ist, daß sie emotional auf mich anspricht und mit einer Umarmung und einem Funkeln in ihren Augen reagiert, wenn ich nach Hause komme – das zieht mich zu ihr hin wie zu einem Magneten. Es ist ein Bindeglied der Geborgenheit zwischen uns. Das ist eines der besten Dinge an der Ehe."

IM 1. TIMOTHEUSBRIEF: VORSTEHERIN DES HAUSHALTS

„So will ich nun, daß die jüngeren Witwen heiraten, Kinder zur Welt bringen, den Haushalt führen ..." (1. Tim. 5,14).

Dies ist eine weitere Möglichkeit, Ihren Mann zu lieben: indem Sie ihm helfen, Ihre gemeinsamen Kinder aufzuziehen, zu zügeln, wenn nötig, und zu erziehen und dem Haushalt *vorzustehen*.

Da dies für manche Paare eine Überraschung sein könnte, lassen Sie uns das ein wenig näher betrachten. Das griechische Wort für *führen* verbindet die Gedanken „Haus" und „Meister" *(despotes)*. (Daher stammt unser Wort „Despot", das einen absoluten Herrscher bezeichnet.)

Das Wort wird in verschiedenen Bibelübersetzungen unterschiedlich wiedergegeben. Klar ist, daß der Frau das Privileg und die Verantwortung zukommt, alle Angelegenheiten des Haushalts zu organisieren und zu leiten. Das heißt nicht, daß sie alle Arbeit allein tun oder allein alle wichtigen Entscheidungen treffen muß. Aber es ist ihre Aufgabe, diesen Bereich des gemeinsamen Lebens zu planen, zu leiten und zu beaufsichtigen. Der Haushalt ist ihre gottgegebene Domäne. An der geschickten, taktvollen und rücksichtsvollen Art und Weise, wie eine Frau an diese Verantwortung herangeht, läßt sich auch ihr „Erfolg" ablesen. Das Buch der Sprüche warnt uns, daß „ein zänkisches Weib wie ein ständig triefendes Dach" sei (Spr. 19,13). „Besser im Winkel auf dem Dach wohnen als mit einem zänkischen Weibe zusammen in einem Hause" (Spr. 21,9).

Die Araber haben für dieses Prinzip ein treffendes Sprichwort, das für eine Familie in unserem Bekanntenkreis zu einem Insiderwitz geworden ist: „Drei Dinge machen ein Haus unerträglich: *tak* (der Regen, der durchs Dach dringt), *nak* (das Nörgeln einer Frau) und *bak* (Ungeziefer)."

Wir haben im Buch der Sprüche bereits gesehen, wie sehr die Leitung des Haushalts seitens der Frau ihrem Mann nützen kann. Derek Kidner erläutert:

> „Die Frau ist der Aufstieg oder der Fallstrick für ihren Mann ... seine ‚Krone'; oder aber ‚Verschmachten seiner Gebeine'. ... Von ihrer konstruktiven weiblichen Weisheit hängt die Stabilität der Familie ab, und falls sie über außergewöhnliche Gaben verfügt, wird sie reichlich Verwendung dafür finden."[6]

Lieben Sie Ihren Mann, indem Sie den Haushalt führen. Aber achten Sie darauf, es taktvoll und großzügig zu tun.

IM TITUSBRIEF: SEINE LIEBENDE FRAU

„Desgleichen [sage] den alten Frauen, daß sie ... Gutes lehren und die jungen Frauen anhalten, daß sie ihre Männer lieben, ihre Kinder lieben, besonnen seien, keusch, häuslich, gütig, und sich ihren Männern unterordnen, damit nicht das Wort Gottes verlästert werde" (Tit. 2,3-5).

Zu Beginn unseres biblischen Streifzuges deuteten wir an, daß Frauen ihre Männer auf dreierlei Weise lieben sollten: indem sie ihnen *helfen,* indem sie emotional und körperlich *positiv auf sie reagieren* und indem sie sie *respektieren.* In den eben genannten drei Versen haben wir das ganze Paket zusammengeschnürt – ein Musterbeispiel kompakter Anweisung.

Als erstes finden wir auf der Liste die *positive Reaktion:* Die junge Frau soll lernen, ihren Mann und ihre Kinder mit einer zärtlichen, positiv reagierenden Liebe zu *lieben.* Dies läßt sich nicht befehlen, aber man kann es lernen.

Zweitens finden wir die *Hilfe* – sie soll ihrem Mann helfen durch das, was sie *tut.* Dies läßt sich vielleicht in dem Wort „Häuslichkeit" zusammenfassen. Und was vielleicht noch wichtiger ist, sie soll ihrem Mann helfen durch das, was sie *ist.* Drei griechische Wörter beschreiben die Charakterzüge, die für eine Frau oberste Priorität haben. Da alle drei Wörter seither als Frauennamen benutzt werden, fällt es manchen Frauen leichter, auf diese Weise ihre charakterlichen Ziele vor Augen zu behalten.

Eine *Sophronia* zu sein heißt zum Beispiel besonnen und beherrscht zu sein, sich gewohnheitsmäßig „von innen her" zu kontrollieren. Dies ist eine weise Haltung, die Sie davor bewahrt, aus dem Impuls heraus dumme und ungeschickte Dinge zu tun oder zu sagen oder sich von Gefühlen beherrschen zu lassen.

Eine *Agnes* zu sein heißt, an der Reinheit Gottes teilzuhaben, indem Sie sich von „Schmutz" fernhalten; *keusch* zu sein. Das kann bedeuten, daß Sie obszönes Gerede meiden, Fernsehsendungen abschalten, die den Geist verschmutzen können, und sich Ihre Freunde mit Sorgfalt aussuchen. Es heißt nicht, daß Sie sich sexuelle Freuden mit Ihrem Mann vorenthalten! Erinnern Sie sich daran, daß Sulamith, eine leidenschaftliche Liebhaberin, von ihrem Mann „meine Taube" (meine Reine, Unschuldige) genannt wurde.

Eine *Agatha* zu sein heißt, gütig zu sein – ein Ausdruck, der auf das Handeln verweist. Sie werden mit gütigen Tätigkeiten unterschiedlicher Art für diejenigen, die Sie lieben, beschäftigt sein.

Schließlich rät dieser Abschnitt im Titusbrief den Frauen,

ihren Männern Respekt zu erweisen. Darauf gehen wir bei unserer nächsten Station im Epheserbrief näher ein.

Im Epheserbrief: Seine anpassungsfähige Frau

Das beste Geschenk, das Sie Ihrem Mann machen können – das ist das Thema dieser Erörterung. Leider gibt es zu diesem Thema viele Mißverständnisse; darum lassen Sie uns den biblischen Zusammenhang der entscheidenden Passage im Epheserbrief betrachten:

„Ordnet euch einander unter in der Furcht Christi. Ihr Frauen, ordnet euch den Männern unter wie dem Herrn. Denn der Mann ist das Haupt der Frau, wie auch Christus das Haupt der Gemeinde ist, die er als seinen Leib erlöst hat. Aber wie nun die Gemeinde sich Christus unterordnet, so sollen sich auch die Frauen ihren Männern unterordnen in allen Dingen. Ihr Männer, liebt eure Frauen, wie auch Christus die Gemeinde geliebt hat und hat sich selbst für sie dahingegeben ... Darum auch ihr: ein jeder habe lieb seine Frau wie sich selbst; die Frau aber ehre den Mann" (Eph. 5,21-25; 33).

Wie wir im achten Kapitel gesehen haben, sind die Rechte einer Frau überwältigend. Sie hat ein *Recht* auf die umfassende Fürsorge, den Schutz und die opferbereite Liebe ihres Mannes! Gott weist den Mann an, alles zu ihrem Besten zu tun, sogar für sie zu sterben, wenn nötig. Von der Frau erbittet Gott nur, daß sie ihrem Mann ein einziges Geschenk macht, nämlich das Geschenk ihrer Unterordnung: eine Haltung, die sich aus Respekt und bereitwilliger Anpassung an ihn zusammensetzt. Dazu gehört auch die Bewunderung, die ein Mann ebensosehr braucht wie seine Frau die romantische Zuwendung.

Im Zusammenhang dieses Abschnitts wird deutlich, daß sich beide Partner in ihrer Beziehung aus Ehrfurcht vor Christus und als Dienst am Herrn einander unterordnen sollen. Die Rolle der Frau besteht darin, sich an ihren Mann anzupassen und Respekt und Gehorsam zu zeigen. Die Rolle des Mannes besteht darin, seine Unterordnung durch seine Fürsorge und Anteilnahme für seine Frau zu zeigen. Beide dienen dadurch ihrem Herrn und bauen eine harmonische Partnerschaft auf.

Die Frau soll sich unterordnen, weil der Mann das Haupt der Frau ist, wie Christus das Haupt der Gemeinde ist. Es wäre lächerlich, sich vorzustellen, wie die wahre Gemeinde Autorität über Christus ausübt oder verkündet, in Unabhängigkeit ihrer eigenen Wege zu gehen.

Unterordnung bedeutet nicht, daß die Frau niedriger gestellt ist. Oder daß der Ehemann irgendein Recht hätte, Gehorsam von ihr zu *verlangen* oder über sie zu herrschen. Wir können sie also nur als ein Geschenk betrachten, das eine liebende Frau ihrem Mann zu ihrem eigenen Schutz und ihrem gemeinsamen Segen gibt. Indem sie das tut, ordnet sie sich in Gottes Vorstellung für ihre Beziehung ein.

Wenn eine Frau ihrem Mann nicht vertraut und ihn nicht respektiert, ist das sowohl für ihn persönlich als auch für ihre Beziehung verheerend. Wenn sie jedoch in der Lage ist, ihren Mann mit Achtung anzusehen, wird er zu einem König unter den Menschen. So erfahren sie einen beiderseitigen Segen: Sie gibt ihm die geachtete Stellung, und er gibt ihr den Ehrenplatz.

Gaye Wheat hat ihre Gedanken zu dieser Haltung der Unterordnung in dem Buch *Hautnah* (Verlag Klaus Gerth, Aßlar) festgehalten. Sie schreibt:

„Wir wissen alle, daß wir keine perfekten Ehefrauen sind. Und unsere Männer wissen es auch. Aber es ist möglich, sie so glücklich zu machen, daß sie uns für vollkommen halten, weil wir gelernt haben, ihnen in den Bereichen zu gefallen, die ihnen am meisten bedeuten! Ich rede hier nicht von heimlichen Machenschaften oder geschickter Manipulation, die dazu dienen, unsere Männer so sehr zu betören, daß sie uns anbeten. So leicht lassen sie sich nicht zum Narren halten. Es gibt einen besseren Weg, ihnen zu gefallen – einen Weg, der auch Gott gefällt, weil er in dem neutestamentlichen Prinzip des Dienens wurzelt: ,Wir aber eure Knechte um Jesu willen' (2. Kor. 4,5).

Natürlich bedeutet das nicht, daß wir unsere Männer wie Turteltauben umflattern sollen. Dem eigenen Mann um Jesu willen zu dienen erfordert nicht, unterwürfig zu sein und auf den Knien zu rutschen ... *Es fängt mit der Einstellung an, an ihn zu denken, statt nur auf mich selbst fixiert zu sein.* Dazu gehört, daß ich beständig nach Möglichkeiten Ausschau halte, ihm zu helfen und zu gefallen. In den Worten aus Sprüche 31 tut eine solche Frau ihrem Mann ,Liebes und kein Leid ihr Leben lang'. Das Verhalten, das ihm gefällt, entspringt einer inneren Haltung, die ich bereits für mich selbst gewählt habe – der Haltung, daß mein Mann der König meines Hauses und der König meiner Ehe ist. Gleich nach dem Herrn ist er derjenige, dem ich am meisten gefallen möchte. Er stellt die oberste Priorität für mich dar, gleich nach Christus. Deshalb ist es meine Freude und mein Vorrecht, meinen Mann als meinen ,Herrn' zu behandeln. Und damit bin ich in guter Gesellschaft, denn Petrus weist in seinem ersten Brief die christlichen Ehefrauen an, sich ihren Männern anzupassen ... und er stellt Sara als Vorbild hin: ,Wie Sara Abraham gehorsam war und ihn Herr nannte ...'" (1. Petr. 3,6).[7]

Anschließend faßt Gaye den Gewinn einer solchen Einstellung zusammen:

„Je mehr Sie Ihrem Mann gefallen, desto eifriger wird er Ihnen gefallen wollen. Je mehr er versucht, Ihnen zu gefallen, desto glücklicher und zufriedener werden Sie sein, so daß Sie um so mehr versuchen werden, die Dinge zu tun, die ihn glücklich machen. Das ist eine herrliche Spirale der Reaktionen, die nie zum Stillstand kommt. Sobald wir diese Spirale der Liebe einmal betreten haben, werden wir sie nie mehr verlassen wollen. Wenn auch unsere Ehemänner unsere Grenzen immer noch zu gut kennen werden, werden sie doch das Gefühl haben, daß alles, was wir tun, *in Ordnung* ist. Wir haben bewiesen, daß wir genau die richtigen Frauen für sie sind."[8]

IM 1. PETRUSBRIEF: SEINE SCHÖNE FRAU

Unser Streifzug durch die Bibel auf der Suche nach den Richtlinien des Schöpfers für Ehefrauen, die wissen wollen, wie sie ihre Männer nach seiner Vorstellung lieben können, nähert sich dem Ende. An dieser letzten Station werden wir drei wichtigen Fragen nachgehen:

Was kann eine Frau tun, wenn ihr Mann sie nicht so lieben kann (oder will), wie Gott es ihm in Epheser 5 aufgetragen hat?

Was kann eine Frau tun, wenn sie keinen Respekt für ihren Mann empfindet?

Was macht eine Frau in den Augen ihres Mannes besonders schön?

Um Gottes Antworten auf diese Fragen zu finden, lassen Sie uns die folgenden Verse aus dem 1. Petrusbrief gemeinsam lesen. Dieser Abschnitt folgt auf eine Passage über Jesus, der, als er mißhandelt wurde, seine Sache einfach „dem anheimstellte, der gerecht richtet" (1. Petr. 2,23).

„Desgleichen sollt ihr Frauen euch euren Männern unterordnen, damit auch die, die nicht an das Wort glauben, durch das Leben ihrer Frauen ohne Worte gewonnen werden, wenn sie sehen, wie ihr in Reinheit und Gottesfurcht lebt. Euer Schmuck soll nicht äußerlich sein wie Haarflechten, goldene Ketten oder prächtige Kleider, sondern der verborgene Mensch des Herzens im unvergänglichen Schmuck des sanften und stillen Geistes: das ist köstlich vor Gott. Denn so haben sich vorzeiten auch die heiligen Frauen geschmückt, die ihre Hoffnung auf Gott setzten und sich ihren Männern unterordneten, wie Sara Abraham gehorsam war und ihn Herr nannte; deren Töchter seid ihr geworden, wenn ihr recht tut und euch durch nichts beirren laßt" (1. Petr. 3,1-6).

Wir haben mit Nachdruck darauf hingewiesen, daß Sie Ihren Mann lieben, indem Sie seine Liebe erwidern. Wir haben erläutert, daß Ihr Geschenk der bereitwilligen Anpassung an ihn (die Haltung der Unterordnung) Ihre Reaktion auf seine opferbereite Liebe zu Ihnen sein sollte. Aber was ist, wenn Ihr Mann Sie nicht so lieben kann oder will, wie Jesus Christus die Gemeinde liebt, entweder weil er nicht gläubig ist oder weil er sich bewußt dem Weg der Liebe verschließt? Was ist, wenn da keine Liebe ist, die Sie erwidern könnten? Oder was ist, wenn Sie einfach keinen Respekt für Ihren Mann empfinden können, weil er nicht respektabel ist?

Die Bibel gibt eine umfassende Antwort auf solche schweren Fragen: In solchen Situationen darf nicht Ihr Mann Ihr Verhalten bestimmen. Leben Sie mit ihm und verhalten Sie sich ihm gegenüber auf eine Weise, die Gott gefällt, und stellen Sie es ihm anheim, was dabei herauskommt. Denken Sie an Jesus Christus, der Schweres durchmachen mußte, aber alles seinem Vater anheimstellte, der gerecht richtet.

Mit anderen Worten, lassen Sie sich nicht davon abbringen, Ihren Mann auf die biblische Art und Weise zu lieben, die wir in diesem Kapitel beschrieben haben. Erwidern Sie die Liebe Gottes, indem Sie ihm auf diese Weise gehorchen, selbst wenn Ihnen Ihr Mann nur wenig gibt, worauf Sie positiv reagieren könnten. Lassen Sie es sich sagen: Das Leben als Christ hängt nicht von irgend jemand anderem ab!

Wenn Ihr Mann beispielsweise kein respektabler Mann ist, sind Sie vielleicht nicht in der Lage, Respekt für ihn zu *fühlen,* aber Gott erwartet dennoch, daß Sie ihm Respekt *zeigen.* Das griechische Wort für unterordnen, das zu Beginn von 1. Petrus 3 verwendet wird, bedeutet wörtlich *unter einer Autorität stehen.*

Jay Adams erläutert:

„Christen müssen die Uniform achten, mit der Gott die Ehemänner bekleidet hat, auch wenn sie ihnen nur schlecht paßt. Der Respekt richtet sich auf Gott und seine Autorität, nicht in erster Linie auf den Mann, dem diese Autorität übertragen ist. Wenn eine Frau ihrem Mann respektlos begegnet, dann verhält sie sich in Wirklichkeit auf eine Weise, die Gott mißachtet. Das ist eine ernste Sache."[9]

An diesem Punkt ergeben sich für gewöhnlich mehrere Fragen bezüglich der Unterordnung. Betrachten wir dazu die folgenden Prinzipien.

1. Gott erwartet von einer Frau nicht, daß sie sich generell allen Männern unterordnet, sondern nur ihrem Ehemann und nur als Mittel zu dem Zweck, die ordnungsgemäße Funktion der Familie aufrechtzuerhalten.

2. Gott hat keinem Ehemann die Autorität gegeben, von seiner Frau zu verlangen, daß sie sündigt. Tun Sie, was Ihr Mann von Ihnen erbittet – solange er Sie nicht zu sündigem Verhalten auffordert. Dazu hat er kein Recht.

3. Da Gehorsam mit dem Handeln und Respekt mit der Haltung zu tun hat, ist es für eine Frau möglich, ihrem Mann zu gehorchen, ohne ihn zu respektieren. (Ebenso kann eine Frau Respekt vortäuschen, ohne zu tun, worum ihr Mann sie bittet.) Wo kein echter Respekt ist, da ist auch keine Unterordnung.

Die letzte Frage, die wir betrachten wollen, ist diese: Was macht eine Frau in den Augen ihres Mannes schön? Frauen wälzen die neueste Ausgabe von *Brigitte,* gehen zum Friseur, kaufen neue Kleider, und ihre Männer genießen vielleicht diese Bemühungen. Ehemänner wissen jedes hübsche Detail am Aussehen ihrer Frauen zu schätzen. Als der Ehemann von Sulamith sie pries, ließ er beinahe nichts aus!

Und doch sagt Gott, daß es noch eine andere Art von Schönheit gibt, die schwerer wiegt, die nie vergeht, die einen Ehemann in seinem Herzen erreicht und die die Macht hat, es schmelzen zu lassen. Diese Schönheit läßt sich nicht in Tuben kaufen oder durch Anwendung eines neuen Haarfestigers herbeiführen. Sie beginnt innen – in dem inneren Leben, das man vor Gott führt –, und wenn sie sich ausbreitet, strahlt etwas davon nach außen. Anfangs bemerkt es ein Mann vielleicht gar nicht. Es ist wie bei der Morgendämmerung, die ganz allmählich anbricht – wer könnte sagen, wann sie zuerst zu sehen war?

Irgendwann wird der Ehemann etwas bemerken. Vielleicht fällt ihm auf, daß seine Frau nicht mehr an ihm herumnörgelt, sich ständig beklagt und ihn drängt, sich endlich zu ändern. Sie ist ruhiger und sanfter geworden. Sie behandelt ihn mit Respekt und zeigt Interesse an seinen Wünschen. Selbst in seinen ruppigsten Momenten begegnet sie ihm sanftmütig. Da ist eine Schönheit an ihr zu sehen, die er vielleicht nicht versteht, aber sie gefällt ihm, und er beginnt sie mit ganz neuen Augen zu sehen. Er beobachtet sie, um den Ursprung dieser Veränderung zu entdecken. Und die Bibel weist darauf hin, daß durchaus die Möglichkeit besteht, daß auch er selbst anders werden kann; daß er vielleicht zu Christus kommen wird, weil seine Frau ihn „ohne Worte" gewonnen hat.

Innere Schönheit kann erlernt werden. Jay Adams sagt Ihnen, wie:

„(Äußere) Schönheit ist künstlich; sie ist der Person hinzugefügt. (Innere Schönheit) ist echt, denn sie ist das Ergebnis einer Veränderung in der Person selbst. Der Schmuck muß innerlich sein; der innere Kern der Person muß schön werden, um Gott zu gefallen und gewinnend zu wirken. Diese verborgene Persönlichkeit wird sichtbar werden, wenn sie auf diese Weise verwandelt wird.

Frauen, die versuchen, ihre Männer zu halten oder Männer zu gewinnen, indem sie sich nur äußerlich anziehend machen, mißverstehen die Tatsache, daß Männer sich in Wirklichkeit eine Frau wünschen, die *an sich, also von innen heraus* schön ist. Respekt und Gehorsam, die sich in bleibenden Werten zeigen ... wie Sanftmut und Gelassenheit, sind *äußerst* verlockend und gewinnend. Frauen, die nörgeln und kritisieren, jammern und klagen, schimpfen und schreien, streiten und sich störrisch verhalten, entbehren dieser inneren Schönheit. Ein sanftmütiger und gelassener Geist (Geist bedeutet hier *Haltung und Verhalten*) zieht an; andere Haltungen und Verhaltensweisen stoßen ab."[10]

Dies ist also eine weitere Möglichkeit, Ihren Mann zu lieben: indem Sie von innen heraus schön für ihn werden!

FÜR IMMER:
DIE ZEIT SINNVOLL NUTZEN

„Er hat alles schön gemacht zu seiner Zeit, auch hat er die Ewigkeit in ihr Herz gelegt ...“ (Pred. 3,11a).

Wenn Gott uns etwas Schönes zu genießen gibt, dann gibt er uns auch das Verlangen, es für immer zu genießen! Er hat die Tatsache der Ewigkeit in unsere Gedanken einge- pflanzt, und die Sehnsüchte unseres Herzens spiegeln das wider. Wenn wir als Liebende „für immer“ sagen, dann mei- nen wir, daß wir „für eine Zeit ohne Ende“ zusammenblei- ben wollen. Und doch erkennen wir, daß die Zeit für jedes lebende Wesen ein Ende haben muß. Was geschieht dann? Bedeutet das das Ende unserer Liebe und des Eins-Seins, das wir miteinander geteilt haben? Werden wir nie wieder zusammen sein? Oder, falls wir uns im Himmel begegnen, wird es nur im Vorübergehen sein? Werden wir wieder ge- trennt sein, so daß der ganze Prozeß sich umkehrt: Aus eins werden zwei?

Es ist gut, sich diesen Fragen schon zu Beginn Ihrer Ehe zu stellen, denn die Schlußfolgerungen, zu denen Sie kom- men, werden sich auf die Art und Weise, wie Sie leben, aus- wirken. Wir möchten Sie ermutigen, eine ewige Perspektive bezüglich Liebe und Ehe zu entwickeln, die auf der Wahr- heit basiert. Jesus Christus sagte in seinem Gebet, bevor er ans Kreuz ging: „Dein Wort ist die Wahrheit“ (Joh. 17,17). Nicht all Ihre Fragen werden beantwortet werden, aber die Bibel stellt uns alle Wahrheit zur Verfügung, die wir auf dieser Erde benötigen, und die Wahrheit verändert sich nie. Die Antworten, die wir Ihnen in diesem Kapitel vorstellen möchten, enthalten das, was unserer Ansicht nach über Liebe und Ehe im Himmel aus der Bibel zu entnehmen ist.

Erstens können wir sicher sein, daß es im Himmel keine Ehe gibt. In einer Entgegnung an die Sadduzäer sagte Jesus: „Ihr irrt, weil ihr weder die Schrift kennt noch die Kraft Gottes. Denn in der Auferstehung werden sie weder heiraten noch sich heiraten lassen, sondern sie sind wie Engel im Himmel" (Mt. 22,29-30). Warum? Weil Gott die Macht hat, die Toten auf eine solche Weise aufzuerwecken, daß die Ehe nicht mehr notwendig ist.

Gott setzte die Ehe zu unserem Segen und Wohlergehen auf dieser Erde ein, aber im Himmel wird sie durch etwas noch Besseres ersetzt. Beachten Sie, daß wir nicht *zu* Engeln werden, sondern in verschiedener Hinsicht *wie* Engel: Wir werden nicht heiraten; wir werden einen unsterblichen Körper haben; und wir werden ganz auf die Herrlichkeit Gottes ausgerichtet sein.

Hier sind sieben Gründe, warum die Ehe im Himmel nicht notwendig ist:

1. Kein Tod; keine Notwendigkeit der Fortpflanzung

Unsere Auferstehungsleiber werden unsterblich sein. Die Sterblichkeit wird vom Leben verschlungen werden (2. Korinther 5,4), und die Gläubigen werden niemals wieder sterben können. Im gleichen Moment, da ihre Körper unsterblich werden, werden sie auch unverweslich oder immun gegen Veränderung oder Verfall. Da es im Himmel keinen Tod geben wird, gibt es auch keine Notwendigkeit, sich fortzupflanzen und Kinder großzuziehen (vgl. 1. Kor. 15,42-57).

2. Keine Einsamkeit, von der man geheilt werden müßte

Die Ehe wird nicht mehr notwendig sein, um die Einsamkeit der Menschen zu heilen, denn im Himmel wird es keine Einsamkeit geben. Die Bibel sagt: „Vor dir ist

Freude die Fülle und Wonne zu deiner Rechten ewiglich"
(Ps. 16,11).

3. Wir werden unsere Vervollständigung in Christus finden

Die Ehe wurde eingesetzt, um Mann und Frau die Vervoll-
ständigung zu bringen, indem die beiden eins werden. Im
Himmel hingegen werden wir unsere Vollständigkeit in
Christus finden und restlos zufrieden sein. Die Bibel sagt:
„Denn in ihm wohnt die ganze Fülle der Gottheit leibhaftig,
und an dieser Fülle habt ihr teil in ihm ..." (Kol. 2,9-10a).

4. Keine Symbole: Die ganze Wirklichkeit

Es wird nicht mehr nötig sein, die Beziehung zwischen
Jesus Christus und seiner Gemeinde dieser verlorenen Welt
durch die Symbolik der Ehe darzustellen. Auf der „Hochzeit aller Hochzeiten", wenn die Gemeinde, die Braut Christi, mit dem Lamm vereint wird, werden wir die ganze Wirklichkeit erfahren (vgl. Offb. 19,6-9).

5. Kein Schutzbedürfnis in einer vollkommenen Welt

Auf der Erde braucht unsere Liebe den Schutz der Ehe (des
Hauses der Liebe), aber im Himmel werden wir in einer
idealen Umgebung leben. Die Geborgenheit der dauerhaften Hingabe wird nicht mehr nötig sein in einer „endlich
vollkommenen Welt" (vgl. Offb. 21,3-5.).

6. Im Himmel werden alle Beziehungen gleich wichtig sein

Es ist gesagt worden, daß im Himmel jeder jeden anderen
mit der Intensität lieben wird, die jetzt noch zwei Menschen
vorbehalten ist, die sich ineinander verlieben. In der Nacht,
bevor Jesus ans Kreuz ging, sagte er zu seinen Jüngern:

„Ein neues Gebot gebe ich euch, daß ihr euch untereinander liebt, wie ich euch geliebt habe, damit auch ihr einander lieb habt. Daran wird jedermann erkennen, daß

ihr meine Jünger seid, wenn ihr Liebe untereinander habt" (Joh. 13,34-35).

Von dieser Zeit an wurde die Liebe das Zeichen und das Merkmal aller, die an Jesus Christus glauben. Was auf der Erde als Gebot gilt, ist ganz natürlich für die unsterblichen Wesen, die beständig in der Herrlichkeit Gottes leben – des Gottes, der selbst die Liebe ist. Wir können uns vorstellen daß die Liebe die Atmosphäre des Himmels sein wird, so wie die Luft, die wir auf dieser Erde atmen.

R. Clapp meint:

„Bei der Auferstehung werden *alle* Beziehungen zu einer solchen Höhe erhoben werden, daß die Ausschließlichkeit der Ehe im Himmel keine Rolle mehr spielen wird, wie sie es auf der Erde tut. Nicht, daß im Himmel die Ehe weniger wert wäre. Sondern alle Beziehungen ... werden unendlich mehr von Freude erfüllt sein, als wir es uns jetzt vorstellen können. ...
Stellen Sie sich vor, vierundzwanzig Stunden am Tag, sieben Tage in der Woche ‚verliebt' zu sein, und das nicht einfach nur in eine Person, sondern in jeden, dem Sie auf der Straße begegnen. ... Nur auferstandene Geschöpfe werden stark genug sein, das Gewicht zu ertragen – ja, es zu genießen und in jeder Person einen einzigartigen Aspekt der Schönheit Gottes zu sehen."[1]

7. Wir werden uns auf Gott konzentrieren, nicht aufeinander

Im Himmel werden wir uns mit der Herrlichkeit Gottes beschäftigen wie die Engel. Wir werden uns nicht mehr wie jetzt um die Bedürfnisse unserer Ehepartner inmitten den Sorgen dieser Welt kümmern müssen; unser Leben wird sich um die Gemeinschaft mit Gott drehen (vgl. Offb. 22,1-5).

Aber was wird im Himmel mit unserer Liebe geschehen? Viele Paare stellen diese Frage, nachdem sie festgestellt haben, daß es im Himmel keine Ehe geben wird. Es stimmt, ihre Einheit ist eingebettet in die öffentliche, rechtliche, heilige Verpflichtung der Ehe, aber das ist noch nicht alles. Während sie diese Verpflichtung auslebten, ist ihre Beziehung im Lauf der Jahre zu einer Art lebendigem Wesen der Liebe geworden. Sie wollen wissen, was daraus werden wird. Obgleich uns die Bibel dazu sehr wenig sagt, können wir einige Schlußfolgerungen ziehen.

Erstens: Wenn irgend etwas Bestand haben wird, dann die Liebe. Sie ist das einzige, was wir mit in den Himmel nehmen können. Die Ehe als Institution ist im Himmel überflüssig, aber die Liebe nicht. Wir dürfen sicher sein, daß nicht ein Bruchteil der Liebe, die wir empfunden und geteilt und gezeigt haben, je verlorengehen wird. Wenn unsere Liebe in der Liebe Gottes verankert war, wird sie in den kommenden Zeitaltern wachsen und sich ausbreiten.

Zudem wissen wir, daß Gottes Liebe immer persönlich und konkret ist, „nicht ein vages, diffuses Wohlwollen gegenüber jedermann im allgemeinen und niemandem im besonderen"[2]. Weil es in der Liebe des Neuen Testamentes um Menschen und Beziehungen geht, können wir sicher sein, daß die Liebe im Himmel kein vages und einsames Ideal sein wird, genausowenig wie hier auf der Erde. Und wenn wir dort individuelle Menschen haben, die wir lieben und die uns lieben, dann dürfen wir darauf vertrauen, daß die Menschen, die wir auf der Erde lieben, auch dazugehören werden. Wenn sie im Himmel sind, können wir uns auf die köstliche Gemeinschaft mit ihnen freuen, wenn wir unseren Herrn und Gott zusammen anbeten.

Wir müssen bedenken, daß wir nicht alles Gute kennen, das Gott für uns vorgesehen hat. Die Antwort Jesu an die Sadduzäer bezüglich der Ehe im Himmel war keine vollständige Erörterung des Themas, sondern eine knappe Antwort auf eine mit Hintergedanken gestellte Frage. Es ging ihm nicht um das Thema, das uns so wichtig ist: die ewige Beziehung von Menschen, die in diesem Leben verheiratet sind. Wir können nicht wissen, ob zwischen Menschen, die auf der Erde Mann und Frau waren, im Himmel eine besondere Bindung bestehen wird. Obwohl wir nicht dieselbe Beziehung haben können, die wir auf der Erde hatten, und obwohl unser Leben zu voll und erfüllt sein wird, als daß wir sie vermissen könnten, fällt es schwer, sich den Himmel ohne eine gewisse Nähe zu denen vorzustellen, die wir auf der Erde am meisten geliebt haben. Wir glauben aber, daß wir Gottes großer, liebevoller Freundlichkeit vertrauen können, daß er an jenem Tag alle Dinge zu unserer Freude ausrichten wird.

Wenn wir über unsere Liebe im Himmel nachdenken, dann können wir daraus wertvolle Merksätze für unsere gemeinsame Zeit auf der Erde ableiten.

MERKSÄTZE DER LIEBE

1. Eine ewige Perspektive für unsere Liebesbeziehung zu gewinnen, kann sehr hilfreich sein. Es erinnert uns vor allem daran, daß unsere Liebesbeziehung nicht das höchste Gut, nicht das wichtigste Ziel im Leben ist. Gott ist größer!

2. Wir erkennen, daß unsere Liebe zueinander nur dann für immer Bestand hat, wenn Gott selbst ihre Quelle ist. Alles, was wir unabhängig von ihm zu bieten hätten, wäre nur Leidenschaft, Begierde, Schwärmerei oder Sentimentalität. Wir stellen fest, daß wir nicht einmal wissen, wie wir einander richtig lieben können, wenn wir nicht zuvor Gottes Liebe erfahren haben.

3. Wir entdecken, daß sich unsere Liebe in etwas anderes verwandeln wird, wenn wir versuchen, sie von Gott getrennt zu halten und unsere Beziehung eifersüchtig bewachen, ohne ihn miteinzubeziehen. C.S. Lewis schrieb in *Die große Scheidung oder Zwischen Himmel und Hölle:*

„Kein natürliches Gefühl ist an sich hoch oder niedrig, heilig oder unheilig. Sie sind alle heilig, wenn Gottes Hand die Zügel hält. Sie verderben alle, wenn sie sich verselbständigen und sich zu falschen Göttern ernennen."[3]

4. Wir erkennen, daß keine irdische Liebe, wie wunderbar und vertraut und schön sie auch sein mag, unser Bedürfnis nach Nähe zu Gott ersetzen kann. Er hat uns so geschaffen, daß es in unserem Inneren etwas gibt, das nur durch die enge Gemeinschaft mit ihm befriedigt werden kann. Unter der Sonne seiner Liebe kann unsere Liebe zueinander sicher wachsen und blühen, bis sie durch den Himmel in etwas noch Wunderbareres verwandelt wird.

DIE EHE SCHÖN GESTALTEN,
SOLANGE SIE WÄHRT

Es bleibt uns nur noch eins, das wir Ihnen mit auf den Weg geben möchten, und das bezieht sich auf Ihren Umgang mit der Zeit, die Sie miteinander erleben. Ihre Liebesbeziehung fing mit der Freude an: Jetzt kommt es darauf an, daß Sie die Zeit schätzen und sie sinnvoll auszufüllen lernen. Das ist der I-Punkt der Weisheit, die Ihnen immerwährenden Segen bringen wird.

„Die Ehe ist die beste Institution, die je erfunden wurde", sagte eine Frau im Rückblick auf die sechsundvierzig gemeinsamen Jahre mit ihrem Mann. *„Sie bedeutet, daß man für einen anderen Menschen die wichtigste Person der Welt ist!"*[4]

Haben Sie das in Ihrer Ehe schon entdeckt? Die Dame hatte absolut recht. Aber für sie war diese schöne Zeit bereits vorbei. Wie sie haben wir alle nur eine begrenzte Zeit mit unserem Ehepartner zur Verfügung. Es mögen sechsundvierzig Jahre sein oder gar sechzig. Es können aber auch viel weniger sein. Wie dem auch sei, die Zeit ist kurz, in der wir einander mit der ausschließlichen, intimen Liebe lieben können, die nur zur irdischen Ehe gehört.

Wenn Sie vor dieser Tatsache stehen, kann das durchaus Auswirkungen darauf haben, wie Sie die Zeit, die Liebe und das Wunder des ganz gewöhnlichen gemeinsamen Lebens betrachten.

In dem 1938 mit dem Pulitzer-Preis ausgezeichneten Drama *Unsere kleine Stadt* erhält Emily, eine junge Ehefrau von sechsundzwanzig Jahren, die bei der Geburt ihres Kindes stirbt, die Möglichkeit, einen gewöhnlichen Tag aus ihrer Vergangenheit von neuem zu durchleben. Doch sie wird gewarnt:

> „Aber such dir wenigstens einen unwichtigen Tag aus. Wähle den unwichtigsten Tag deines Lebens. Er wird wichtig genug sein."

Sie beginnt, ihren zwölften Geburtstag von neuem zu erleben, aber bald ruft sie aus:

> „Ich kann nicht. Ich kann nicht weitermachen. Es geht so schnell. Wir haben keine Zeit, einander anzuschauen. ... Ich habe es nicht gemerkt. Dann ging also all das vor sich, und wir haben es nie gemerkt. ..."

Eine andere Figur kommentiert aus dem Grab:

> „Ja ... so war es, lebendig zu sein. Herumzuirren in einer Wolke der Unwissenheit; auf und ab zu gehen und auf den Gefühlen der anderen um einen her herumzutrampeln. Zeit zu verbringen und zu verschwenden, als ob man eine Million Jahre hätte. Immer der einen oder anderen selbstsüchtigen Leidenschaft ausgeliefert zu sein. ..."

Aber es ist Emilys Frage, die im Herzen widerhallt: „Begreifen die Menschen jemals das Leben, während sie es leben?"

Als Antwort hört sie: „Nein. (Pause.) Die Heiligen und die Dichter vielleicht – bis zu einem gewissen Grade."[5]

Ja, die Heiligen – die Christen, die die Söhne und Töchter Gottes sind, der die Ewigkeit bewohnt (Jes. 57,15) und die

Zeit geschaffen hat (1. Mose 1) – sie besitzen die geistliche Fähigkeit, das Wunder des Lebens auf dieser Erde zu schätzen und jeden Augenblick des Liebens als ein Geschenk unseres Vaters auszukosten. Aber wenn uns diese Fähigkeit gegeben ist, müssen wir uns dafür entscheiden, zu lernen, wie wir sie gebrauchen können. Der Text eines alten Liedes mahnt: „Sieh, wie die Zeit entflieht, die für Lieben und Loben gegeben!"[6]

J. Dobson berichtet von einer Reise, die er und seine Familie 1977 nach Kansas City (Missouri) unternahmen, um seine Eltern zu besuchen. Als sie nach dem Besuch zusammen zum Flughafen fuhren, bat er seinen Vater um ein Gebet für ihre Familie. Er sagt, er werde die Worte seines Vaters niemals vergessen, denn es war ihr letztes gemeinsames Gebet:

„Und Herr, wir wollen dir danken für die Gemeinschaft und Liebe, die wir heute füreinander empfinden. Das war eine so besonders schöne Zeit für uns mit Jim und Shirley und ihren Kindern. Aber himmlischer Vater, wir wissen nur zu gut, daß die Freude, die wir heute empfinden, eine zeitliche Freude ist. Unser Leben wird nicht immer so stabil und sicher sein. Veränderungen sind unvermeidlich, und sie werden auch zu uns kommen. Natürlich werden wir sie annehmen, wenn sie kommen, aber wir loben dich für das Glück und die Wärme, die wir in den vergangenen Tagen erlebt haben. Wir haben mehr als unseren Anteil an den guten Dingen gehabt, und wir danken dir für deine Liebe. Amen."[7]

Selbst elf Jahre später, sagt J. Dobson, hallt dieses letzte Gebet seines Vaters immer noch in seinem Geist wider:

„,Danke, Gott, für das, was wir haben … wovon wir wissen, daß wir es nicht behalten können.' Ich wünschte, jedes jung verheiratete Paar könnte diesen unglaublichen Gedanken fassen. Wenn wir nur begreifen könnten, wie kurz unsere Zeit auf dieser Erde ist, würden uns die meisten Ärgernisse und Frustrationen, die uns auseinander-treiben, schrecklich bedeutungslos und kleinlich vorkommen. Wir haben nur ein kurzes Leben, und doch besudeln wir es mit Zank und Beleidigungen und zornigen Worten."[8]

Wir möchten Ihnen zum Schluß sieben Wege aufzeigen, die Sie gehen können, um Ihre gemeinsame Zeit so zu nutzen, daß Sie Glück und Segen in Ihrer Ehe erfahren:

1. Danken Sie Gott für das tägliche Wunder der Zeit. Arnold Bennett nannte es

„... das unerklärliche Rohmaterial von allem ... Du erwachst am Morgen, und siehe da! Wie durch Zauber ist deine Börse gefüllt mit vierundzwanzig Stunden unverarbeiteten Gewebes deines Lebens, dem kostbarsten Besitz überhaupt."[9]

2. Leben Sie, und lieben Sie Ihren Partner so, als wäre dies der letzte Tag, an dem Sie das Geschenk der gemeinsamen Zeit genießen könnten.

3. Fragen Sie Gott, was er in der Zeit, die Ihnen zur Verfügung steht, mit Ihrer Ehe vorhat. Teilen Sie diese Vision miteinander, und verwirklichen Sie sie gemeinsam.

4. Üben Sie sich jeden Tag darin, vertrauter miteinander zu werden – üben Sie Anpassung und gegenseitige Annahme.

5. Lernen Sie das Wunder des alltäglichen gemeinsamen Lebens schätzen. Bitten Sie Gott, Ihnen Augen, Ohren, Verstand, Herz und alle Sinne zu öffnen, um dieses Wunder wahrzunehmen.

6. Hüten Sie sich davor, Ihre Zeit mit selbstsüchtigen Leidenschaften, mit Zank, Machtkämpfen, unfreundlichen Worten, eitlem Selbstmitleid und kleinlichen Streitereien zu verschwenden.

7. Vergessen Sie nie, was das Wichtigste ist. H. Drummond macht uns Mut, unseren Blick auf das zu richten, was letztendlich zählt, die Liebe:

„Wir wissen nur wenig über die Bedingungen des zukünf-

tigen Lebens. Sicher ist jedoch, daß die Liebe bestehen bleiben muß. Gott, der ewige Gott, ist Liebe. Hüten Sie also
diese ewige Gabe. ... Sie widmen sich sicher vielen Dingen;
widmen Sie sich aber zuerst der Liebe. Halten Sie die Dinge
im Gleichgewicht."[10] Nur darauf kommt es an.

ANMERKUNGEN

Einleitung

[1] Marcia Lasswell, „Illusions Regarding Marital Happiness", *Medical Aspects of Human Sexuality* (Februar 1985), S. 154

[2] Paul Tournier, *To Understand Each Other* (Richmond, Virginia: John Knox Press, 1967), S. 30

Die Gefühle der Liebe: Hüten Sie Ihren Schatz

[1] Robert Frost, „The Figure a Poem Makes", *Collected Poems,* 1939; zit. nach *A Little Treasury of Modern Poetry* (New York: Charles Scribner's Sons, 1950), S. 798

[2] C.S. Lewis, *George MacDonald: An Anthology* (London: Geoffrey Bles, 1946), S. 123

[3] C.S. Lewis, *A Grief Observed* (New York: The Seabury Press, 1961), S. 13

[4] Maggie Scarf, *Intimate Partners* (New York: Random House, 1987), S. 79

[5] Judith Adams Perry, M.D., „Love Related to Marriage", *Medical Aspects of Human Sexuality* (Juni 1985), S. 243

[6] John C. Haughey, S.J., *Should Anyone Ever Say Forever?* (Garden City, New York: Doubleday, 1975), S. 62, 64

Das Einmaleins: Leben nach den Tatsachen der Liebe

[1] Malachi Martin, *There Is Still Love* (New York: Macmillan, 1984), S. 207

[2] Ed Wheat, M.D. und Gloria Okes Perkins, *LOVE LIFE* (Grand Rapids, Michigan: Zondervan, 1980) S. 119

[3] Jay E. Adams, *Marriage, Divorce & Remarriage in the Bible* (Grand Rapids: Baker Book House, 1980), S. 4

Die erste Grundbedingung: Treue

[1] James R. Mannes, „Love the One You're With", *Family Life Today* (März 1985), S. 41
[2] David Hegner, *What Will Make My Marriage Work?* (Grand Rapids: Radio Bible Class Publications), S. 8

Die zweite Grundbedingung: Vergebung

[1] Jay E. Adams, *More Than Redemption* (Phillipsburg, New Jersey: Presbyterian and Reformed Publishing Co., 1979), S. 228
[2] David Augsburger, *The Freedom of Forgiveness* (Chicago: Moody Press, 1970), S. 121
[3] Ed Wheat, M.D. und Gloria Okes Perkins, *LOVE LIFE,* S. 199

Ihre Versorgungsleitung in der Ehe: Die Kommunikation

[1] Domeena C. Renshaw, M.D., „Communication in Marriage", *Medical Aspects of Human Sexuality* (Juni 1983), S. 205
[2] Martin Goldberg, M.D., „Commentary on Survey: Current Thinking on Why Some Marriages Fail", *Medical Aspects of Human Sexuality* (Juni 1982), S. 131
[3] Renshaw, S. 205
[4] Anthony Pietropinto, M.D., „Commentary on Survey: Distress Signals in Marriage", *Medical Aspects of Human Sexuality* (April 1984), S. 87
[5] Judson J. Swihart, *Communicating in Marriage* (Downers Grove, Illinois: InterVarsity Press, 1981), S. 19-20
[6] Carmen Lynch, MSW, und Martin Blinder, M.D., „The Romantic Relationship", *Medical Aspects of Human Sexuality* (Mai 1983), S. 155
[7] Donald G. Ellis, Ph.D., „Listening Creatively to One's

Spouse", *Medical Aspects of Human Sexuality* (März 1983), S. 173

[8] Czeslaw Milosz, *Selected Poems* (New York: The Ecco Press, 1980), S. 18

[9] Barbara E. James, Ph.D., „The ‚Silent Treatment' in Marriage", *Medical Aspects of Human Sexuality* (Februar 1983), S. 100

[10] ebenda

[11] Charles R. Swindoll, *Strike the Original Match* (Portland, Oregon: Multnomah Press, 1980), S. 102-111

[12] Pietropinto, S. 88

[13] Emily Dickinson, *The Complete Poems of Emily Dickinson,* hrsg. von Thomas H. Johnson (Boston: Little, Brown and Co., 1890), S. 534-535

[14] The Rev. Derek Kidner, M.A., *The Proverbs, An Introduction and Commentary* (London: The Tyndale Press, 1964; nachgedruckte Ausgabe Downers Grove, Illinois: InterVarsity Press, 1972), S. 46-47

[15] David Hellerstein, M.D., „Can TV Cause Divorce?" *TV Guide* (26. September 1987), S. 4-7

Privat – Kein Zutritt: Geheimnisse der sexuellen Erfüllung

[1] Harold Feldman und Andrea Parrot (Hg.), *Human Sexuality, Contemporary Controversies* (Beverly Hills, Kalifornien: Sage Publications, 1984), S. 130-131

[2] Dean Sherman, „Singles and Sex, Logical Loving Limits", *The Last Days Magazine 9,* Nr. 2 (1986), S. 30

[3] Ed und Gaye Wheat, *Hautnah* (Verlag Klaus Gerth, Aßlar, 1993) S. 329

[4] S. Craig Glickman, *A Song for Lovers* (Downers Grove, Illinois: InterVarsity Press, 1976), S. 25

[5] Ed Wheat, M.D. und Gloria Okes Perkins, *LOVE LIFE,* S. 76

[6] Ed und Gaye Wheat, *Hautnah,* S. 294

[7] Helen Singer Kaplan, M.D., Ph.D., *Disorders of Sexual Desire* (New York: Simon and Schuster, 1979), S. 61

[8] ebenda

[9] Steve Beauvais, „What Men Hate About the Women They Love", *Glamour* (April 1988), S. 315

[10] Abigail Van Buren, *The Best of Dear Abby* (Boston: G. K. Hall & Co., 1982)

[11] Mike Mason, *The Mystery of Marriage* (Portland, Oregon: Multnomah Press, 1985), 127-128

Die eigene Frau lieben lernen: Handbuch für Ehemänner

[1] Gary Smalley/Steve Scott, *For Better or for Best* (Grand Rapids, Michigan: Zondervan, 1982), S. 14-15

[2] Harriet B. Braiker, Ph.D., *The Type E Woman* (New York: Dodd, Mead & Co., 1986), S. 2

[3] Jay E. Adams, *Trust and Obey, A Practical Commentary on First Peter* (Grand Rapids, Michigan: Baker Book House, 1979), S. 100

[4] ebenda, S. 101

[5] Ed Wheat, M.D. und Gloria Okes Perkins, *LOVE LIFE,* S. 158-159

[6] Dwight H. Small, *How Should I Love You?* (San Francisco: Harper & Row, 1979), S. 191, 193, 194

[7] ebenda, S. 191-192

Den eigenen Mann lieben lernen: Handbuch für Ehefrauen

[1] Gary Smalley/Steve Scott, *For Better or for Best,* S. 155-156

[2] Harriet B. Braiker, Ph.D., *The Type E Woman,* S. 141

[3] ebenda, S. 2

[4] ebenda, S. 4

[5] Paul Tournier, *To Understand Each Other,* S. 23

[6] The Rev. Derek Kidner, M.A., *The Proverbs, An Introduction and Commentary,* S. 50

[7] Ed und Gaye Wheat, *Hautnah,* S. 188-189

[8] ebenda

[9] Jay E. Adams, *Trust and Obey, A Practical Commentary on First Peter,* S. 96

[10] ebenda, S. 96-97

Für immer: Die Zeit sinnvoll nutzen

[1] Rodney Clapp, „What Hollywood Doesn't Know About Romantic Love", *Christianity Today* (3. Februar 1984), S. 33

[2] J.I. Packer, *Knowing God* (Downers Grove, Illinois: InterVarsity Press, 1973), S. 112

[3] C.S. Lewis, *The Great Divorce* (New York: Macmillan, 1946), S. 93

[4] Diana Trilling, zit. in *Cosmopolitan* (März 1987), S. 229

[5] Thornton Wilder, *Our Town, A Play in Three Acts* (New York: Harper & Row, 1957), aus dem dritten Akt

[6] Frederick William Faber, „The Remembrance of Mercy", *The Christian Book of Mystical Verse,* ausgewählt von A. W. Tozer (Harrisburg, Pennsylvania: Christian Publications, 1963), S. 77

[7] Dr. James C. Dobson, *Love for a Lifetime* (Portland, Oregon: Multnomah Press, 1987), S. 115

[8] ebenda, S. 116

[9] Arnold Bennett, *How to Live on Twenty-Four Hours a Day,* gekürzte Fassung in *Getting the Most Out of Life, an Anthology* (Pleasantville, New York: The Reader's Digest Association, 1948), S. 166

[10] Henry Drummond, *The Greatest Thing in the World* (Westwood, New Jersey: Revell), S. 55

Ed & Gaye Wheat
HAUTNAH
Erfülltes Intimleben
in der Ehe

Tiefes Glück durch
körperliche und seelische Nähe -
nicht weniger als das ist Gottes Plan für jedes Ehepaar!
Doch allzuoft scheitert die Freude aneinander an mangeln-
dem Wissen, falschen Vorstellungen und Problemen, die
unüberwindlich scheinen. Zurück bleiben Verletzung und
Enttäuschung, wenn nicht sogar Resignation.

Alten und jungen Ehepaaren - aber auch denen, die sich auf
ihre Hochzeit vorbereiten - bieten Ed und Gaye Wheat in
diesem Buch bewährte Hilfen, um zu einem erfüllten Intimleben zu finden. In verständlicher Sprache und medizinisch
fundiert informieren sie ausführlich über die körperlichen
Organe und ihre Funktionen und zeigen auf, wie verschiedene Sexualstörungen überwunden werden können. Eine Fülle
praktischer Ratschläge zu sexuellen Techniken, zur Sexualität in der Schwangerschaft und im Alter wie auch zur Emp-
fängnisverhütung machen dieses Buch zu einem umfas-
senden Ratgeber. Beglückende Intimität in der Ehe - dieser
Wunschtraum kann Wirklichkeit werden!

Paperback, 340 Seiten, Bestell-Nr. 15 197

Ed Wheat
**LIEBE
IST
LEBEN**

Welches Ehepaar kennt diese Situation nicht: Über igend-
einen Punkt hat es Streit gegeben, man ist sich uneinig,
möchte den Weg zurück zu der ersehnten Harmonie finden,
doch keiner der beiden tut den ersten Schritt.

Aber Liebe ist erlernbar! Egal, ob Sie zerstritten sind, sich
gleichgültig gegenüberstehen oder miteinander glücklich
sind: Ihre Beziehung kann auf jeden Fall verbessert werden!

Der Autor, ein erfahrener Arzt, Seelsorger und Eheberater,
führt gründlich in den Lernprozeß der Liebe ein. Ohne Ein-
schränkung informiert er den Leser über die verschiedenen
Arten der Liebe (z.B. kameradschaftliche, fürsorgliche, romantische Liebe) und geht besonders auf deren Grundlage -
die Liebe Gottes zu uns Menschen - ein.

Taschenbuch, 256 Seiten, Bestell-Nr. 15 670

James Dobson
DAS SOLLTEST
DU ÜBER
MICH WISSEN
Ehekonflikte - und wie
man sie löst

Erziehungsprobleme, seelische Isolation, sexuelle Nöte,
Überlastung, Streß - das sind nur einige der Schwierigkeiten, mit denen Frauen zu kämpfen haben. Und immer
wieder führen diese Schwierigkeiten zu Depressionen und
belasten damit die Partnerschaft.

Der Autor nimmt sich mit großem Ernst, aber auch mit
Humor der Problematik an, gibt Hilfestellungen und zeigt
Auswege aus der Sackgasse solcher Belastungen. Mit viel
Einfühlungsvermögen antwortet er auf die Fragen
zahlreicher Ehepaare. Dabei wird immer wieder deutlich,
daß die Bibel Maßstab für eine glückliche Ehe sein kann.

Taschenbuch, 208 Seiten, Bestell-Nr. 15 189